Knaur.

Knaur.

Über die Autoren:

Sieben typische Familienväter haben dieses Buch geschrieben: Spätabends hocken sie noch im Büro. Sie bringen Beruf und Kinder nie unter einen Hut. Aber sie sagen sich: Das muss anders werden! Und sie haben alle ihre Erfolgsrezpte gesammelt, wie man trotzdem zum besten Papa der Welt wird.

Superpapa!

400 ganz legale Tricks
für den besten Papa der Welt

von

Klaus Kluge, Franz Leipold,
Bernhard Meuser, Georg Regis,
Michael Schönberger, Norbert Stengelin,
Armin Tichacek

Knaur Taschenbuch Verlag

Besuchen Sie uns im Internet:
www.knaur.de

Vollständige Taschenbuchausgabe Dezember 2007
Knaur Taschenbuch.
Ein Unternehmen der Droemerschen Verlagsanstalt
Th. Knaur Nachf. GmbH & Co. KG, München

Umschlaggestaltung: ZERO Werbeagentur, München
Illustration: Rita Frind, Goetheby
Redaktion: Bernhard Meuser
Gestaltung, Satz und Herstellung: Hartmut Czauderna
Druck und Bindung: Clausen & Bosse, Leck
Printed in Germany
ISBN 978-3-426-78054-1
2 4 5 3 1

Vorwort

»Mein Mann ist ein *Super-Papa!*«, hörte ich letzt eine junge Frau zu ihrer Freundin sagen. »Glaub ich nicht!« ... »Doch, echt!« ... »Wie hast du das denn hingekriegt?«, fragte die Freundin. Als Mann dachte ich spontan: »*Hingekriegt!* Typisch Frau!« Dann kam ich doch ins Grübeln. Hand aufs Herz: Wer ist schon ein Superpapa?

Bin ich ein Superpapa? Wann ist ein Papa »super«? Wenn er ganz, ganz viel Zeit für seine Kinder hat. Wenn er ihnen geduldig zuhört, auch wenn sie traurig sind und Sorgen haben. Wenn er mit ihnen spielt, sie anfeuert, mit ihnen herumtollt, kleine Ausflüge mit ihnen unternimmt. Wenn er immer neue Ideen hat, mit denen er seinen Kindern Freude macht. Wenn er immer fröhlich ist und ganz viel mit ihnen lacht. Wenn er immer für eine Überraschung gut ist. Wenn er, wenn er, wenn er ...

Die Realität sieht anders aus. Der »Papa«, der heute noch einen Job hat, ist in der Regel bis zum Anschlag belastet, damit er diesen Job auch morgen noch hat. Für die Kinder bleibt da allzu wenig Zeit. Und der »Papa«, der seinen Job verloren hat, hat keinen »Kopf«, um sich auch noch mit dem Kinderkram zu belasten. Vielleicht sind wir Männer genetisch doch mehr für die Jagd geschaffen – und weniger für die Nestpflege? Natürlich suchen wir uns die Jobs im Haus nicht mehr nach Männer- und Frauenmustern aus. Natürlich steht »Mama« nicht mehr als Heimchen am Herd. Natürlich ist sie nicht mehr allein für die Kinder verantwortlich. Natürlich hat sie ihren Beruf. Aber faktisch ist es doch so: Einer muss ran, muss sich voll im Beruf engagieren – und meistens ist es der Mann.

Es waren einmal sieben solche gestressten Väter. Die saßen beieinander und klagten sich ihr Leid: Eigentlich müssten wir jetzt zu Hause sein und mit unseren Kindern spielen. Stattdessen hocken wir hier in der Firma und schuften bis in die Nacht hinein! Da sagte einer: O.K., wir haben diese Jobs und wir müssen dankbar dafür sein. Aber was hindert uns eigentlich daran, dass wir einmal alle guten Ideen zusammentragen, mit denen wir unseren Kindern Freude machen? Denn eines ist klar: Jeder von uns will »der beste Papa der Welt« sein. Oder etwa nicht? Und sie spuckten in die Hände. Abends als die Kinder im Bett waren, schrieben sie alle ihre genialen »Macht-das-mal-mit-euren-Kindern-Ideen« auf. Der eine war ein Natur-Freak, der andere ein hinreißender Märchenerzähler, der dritte ein Oberknobler und -kniffler, der vierte ein Schlitzohr usw. Und sie warfen alle ihre wunderbaren Tipps & Tricks zusammen – und machten das Buch »Superpapa«. Und jetzt haben sie Angst, dass es ihre Kinder lesen. Das wäre doch peinlich! Die Zeit ist nämlich kurz, in der Papas von Kindern bewundert werden. Christiane Fleury – wieder eine Frau! – fasst das Zeitfenster ins Auge:

> Wenn man fünf ist, weiß Papa alles.
> Wenn man zwölf ist, weiß Papa nicht alles.
> Wenn man 18 ist, weiß Papa nichts.
> Wenn man 25 ist, weiß Papa viel.
> Wenn man 35 ist, sagt man: Wenn doch bloß Papa jetzt da wäre, der wusste immer alles!

Nutzen Sie die Zeit!

Für die sechs anderen Autoren dieses Buches

TIPPS UND TRICKS VON A–Z

Abenteuerspielplatz mieten!

In vielen Städten finden sich so genannte Abenteuerspielplätze. Die unterscheiden sich von normalen Spielplätzen dadurch, dass sie nicht so steril und fantasielos sind und auch für ältere Kinder etwas bieten. Man kann nach Herzenslust herumtollen und seine Kräfte erproben, ohne dass

A

gleich irgendjemand die Polizei ruft. Wir haben entdeckt, dass man diese Plätze an Wochenenden vielfach auch mieten kann. Also hin mit ein paar befreundeten Familien! Das Wichtigste ist natürlich, dass der Platz auch eine Feuerstelle hat. Dort können Sie mit Bauholz (wird oft sogar gestellt) ein wunderbares Lagerfeuer veranstalten. Und wenn es abends dunkel wird, dürfen Sie Ihre gruselige Seite zum Vorschein kommen lassen und Lagerfeuergeschichten erzählen. (st)

Allein mit dem Kind mal vor die Tür gehen!

Ist vor allem für jüngere Kinder sehr spannend, und dies aus mehreren Gründen. Sie zögern damit gerne das Zubettgehen hinaus und in der Dämmerung ist vieles rätselhafter und manchmal sogar etwas unheimlich. Außerdem gibt es immer etwas zu erzählen, was die Mama nicht unbedingt wissen soll. Kurz bevor man wieder zu Hause ankommt, gibt es natürlich den Klassiker »Den Wettlauf zur Tür«. Schade, dass Papa hier keine Chance hat und ehrenvoller Zweiter wird. (r)

Angeln gehen!

Ihnen graut vor diesem Kinderwunsch! Ihre größte Angst ist nämlich, tatsächlich etwas zu fangen.

Sie wissen nicht einmal, was mit dem zappelnden Fisch zu tun wäre. Wo Sie doch keiner Fliege, geschweige denn einem Fisch etwas zuleide tun können. Gehen Sie auf das nächste Volksfest. Angeln Sie dort nach Toastern, Plastikblumen, formschönen Vasen und Stofftieren. Wenn Sie mal den einen oder anderen Euro zusätzlich übrig haben: In Einkaufszentren stehen oft Automaten herum, in denen fantasievolle Stofftiere mit Greifern gefangen werden können. (st)

Angeln üben!

Tun Sie es den richtigen Fischen nicht an! Aber Essiggurken angeln – das ist eine sinnvolle Übung für die Feinmotorik eines Kleinkindes. Unbedachte Eltern holen die Gurken aus dem Glas und drapieren sie griffbereit auf einem Tellerchen. So kommen sie nie dahinter, ob ihr Kind ein Tüftler ist. Stellen Sie das geöffnete Gurkenglas auf den Tisch, geben Sie ihm eine Gabel in die Hand. Der/die Kleine darf nun für alle Teilnehmer der Mahlzeit Gurken angeln. Funktionieren tut das am besten mit Mini-Essiggurken. Stufe zwei der feinmotorischen Übungen am Abendbrottisch werden dann Oliven in steilen Gläsern sein. Rechnen Sie mal damit, dass Sie bei dieser Gelegenheit ziemlich viele Gurken und Oliven werden essen müssen. (t)

Angst eingestehen!

Haben Sie Angst vor dem Chef? Ich würde auf jeden Fall die Wahrheit sagen. Kinder haben Ängste, Erwachsene auch. Sie müssen zu Hause nicht den tollen Hecht spielen. Viel wichtiger ist es, mit dem Kind über seine Ängste zu sprechen. Da kann es helfen, wenn Sie zum Einstieg von Ihren eigenen Ängsten sprechen. Ein Papa mit Ecken und Kanten, mit Ängsten und Schwächen ist viel glaubwürdiger und liebenswerter als der glatt gebügelte Held aus der TV-Soap. Wer kann schon mit Arnold Schwarzenegger konkurrieren? (sch)

Angst vertreiben!

Wenn Ihr Kind Angst hat, allein in den Keller zu gehen, sagen Sie bitte nicht: »Stell dich nicht so an!« Gehen Sie mit ihm, machen Sie ein Spiel draus: »Jetzt lassen wir mal extra das Licht aus und schauen, ob wir die Sachen nur durch Vorwärtstasten finden!« Wiederholen Sie das Spiel – und sagen Sie eines Tages: »Jetzt spielen wir noch ein mutigeres Spiel: Du versuchst alleine, im Dunkeln bis zur Tiefkühltruhe zu gelangen und den

Spinat zu finden. Ich schaue auf die Uhr! Auf die Plätze, fertig, los!« (m)

Anschleichen üben!

Wir spielen ab und zu Verstecken mit Abschlagen an einem Baum. Einer oder eine sucht, und die anderen verstecken sich. Während der Sucher oder die Sucherin unterwegs ist, schleicht man sich an den Baum heran und schlägt sich frei. Wird man entdeckt, beginnt sofort ein Wettlauf zum Baum. Klar, dass es bei diesem Spiel darauf ankommt, sich möglichst gut anzuschleichen, und wir nutzen jede Möglichkeit zum Training. Zum Beispiel schleichen wir uns (mit einem Glas kalten Wasser) bei schönem Wetter an den Liegestuhl heran, auf dem meine Frau mit geschlossenen Augen über unsere rosige Zukunft nachdenkt. Wenn wir Erfolg haben, wird das Glas Wasser geleert und dann erfolgt ein Lauftraining unter leicht verschärften Bedingungen. (r)

Anstand lernen!

Es gibt Dinge, die gehören sich einfach nicht. Dazu zählt, den Familien-Honda – wie jeden Samstag – in der Garageneinfahrt zu parken und ausgiebig zu shampoonieren. Obwohl just an diesem Tag und zu dieser Stunde der erste ernst zu nehmende Freund der ältesten Tochter seinen »Antrittsbesuch« macht. Als guter Vater sperren Sie deshalb dieses eine Mal den Wagen weg mitsamt dem Fensterleder, tauschen auch den fliederfarbenen Jogginganzug gegen etwas halbwegs Ziviles – und tun Ihrer Tochter so einen großen Gefallen. (k)

Äpfel mosten!

Erkundigen Sie sich bei Ihren Nachbarn oder beim Gartenbauverein. Irgendwo auf einem Dorf in der Nähe gibt es bestimmt einen Moster, der Ihr Fallobst in wunderbaren Apfelsaft verwandelt. Sie werden sehen, dass Ihre Kinder zum ersten Mal Spaß am Äpfelauflesen haben werden, winkt doch eine Fahrt zum Moster – und die reich beladene Rückkehr mit eigenem Apfelsaft. (m)

Zur Arbeit mitnehmen!

Nehmen Sie Ihre Kinder ruhig mal auf Ihre Arbeit mit. Irgendwann, vielleicht in den Ferien, wird sich einmal eine Gelegenheit bieten. Sagen Sie nicht: »Das verstehen die sowieso nicht« oder »Das ist für Kinder doch völlig uninteressant«. Wenn es nicht zu verstehen und völlig uninteressant wäre, würden Sie den Job doch auch nicht machen! Geben Sie Ihren Kindern eine kleine Aufgabe, die mit Ihrer Tätigkeit zusammenhängt (wie Sie einem Praktikanten einen kleinen Job geben würden), irgendeine Recherche, etwas zum Kopieren, eine statistische Aufgabe. Ihre Kinder werden Achtung vor Ihnen bekommen und besser wissen, wie Sie das Geld für die Familie verdienen. (m)

Aufbrezeln!

Nicht nur Mama »verkleidet« sich manchmal so seltsam vor dem großen Empfang. Auch der Papa kann das – und ebenso Sohnemann. Wir ziehen uns ganz nobel an, »brezeln« uns mal so richtig auf. Wir setzen einen Hut auf und ziehen die Krawatte an. Und dann laufen wir aufgegockelt durch die Gegend und spielen »Mann von Welt«. Wir machen affektierte Bewegungen und fühlen uns wie Graf Koks von der Gasanstalt. Übertreiben Sie es nicht, am Schluss wandert Ihr kostbares Aftershave in den Kindergarten und findet dort dankbare Anwender. (t)

Aufklärung à la Papa!

Zwar drücken sich viele Männer vor der Aufklärung, aber es ist ja durchaus nicht so, dass Kinder automatisch nur die Mütter fragen. Besonders für Jungen gibt es kaum eine schreckerregendere Vorstellung, als von Mami aufgeklärt zu werden. Warten Sie nicht bis zum Tag X, an dem Sie mal einen »zwanglosen Spaziergang« machen, um »etwas ganz Wichtiges« zu besprechen. Wenn Sie häufiger und ganz natürlich über Sexualität, sexuelle Anziehung, Kinderkriegen und Verhütung sprechen, ergeben sich auch Fragen der Kinder. Wichtig ist neben dem offenen Umgang mit der Frage auch die Auswahl der richtigen Aufklärungsliteratur. Die in diesem Zusammenhang zu Berühmtheit gelangten Bienen sollten es nicht gerade sein. Die Bücher sollten freizügig sein und sich gerade bei älteren Kindern nicht ausschließlich auf kindlich gezeichnete Comics beschränken. Wenn Sie anderer Meinung sind, dann weichen Sie doch statt auf die Bienen auf die Ameisen aus. Biologen der Universität Regensburg haben entdeckt, dass eine Paarung die Lebenserwartung der Ameisenköniginnen um bis zu 50 Prozent verlängert. Die Forscher vermuten, dass die Männchen mit ihrem Samen Substanzen weitergeben, die im Körper der Weibchen Schutzmechanismen gegen freie Radikale aktivieren. Außerdem wechseln so Nährstoffpakete auf das Weibchen über. (r)

Ausdauer beweisen!

»Noch mal, Papa!« – den Spruch hört man bei diversen Gelegenheiten. Wenn man die Backen aufbläst und trötet wie ein Blöder, wenn man wie ein Affe geht usw., aber vor allem habe ich ihn von meinen beiden Töchtern gehört, wenn wir auf dem Spielplatz waren und sie auf der Schaukel saßen. Dann konnte ich gar nicht feste und lange genug anstoßen. (r)

Ausflug organisieren!

Tun Sie es freiwillig! Wahrscheinlich tut's sonst keiner – dabei ist es weder kompliziert in der Vorbereitung noch stressig in der Durchführung, einen Ausflug für eine Kindergruppe zu organisieren. Suchen Sie sich in Ihrer Umgebung ein schönes Ausflugsziel aus. Zum Beispiel eine Sommerrodelbahn. Mit dem Sessellift geht es nach oben, eine Gaststätte ist bei Ausflugszielen immer das kleinste Problem (rechtzeitiges Reservieren nicht vergessen), und so vergeht der Tag bei gemeinsamem Essen und Spielen recht schnell. Zum Abschluss fahren alle gemeinsam die Rodelbahn nach unten. (st)

Auto fahren lassen!

Sie würden Ihren 11-Jährigen niemals an das Auto heranlassen? Sie Rabenvater! Natürlich, natürlich, ich weiß. Es ist verboten und die Versicherung und wo kämen wir denn hin! Trotzdem: Es gibt den Strand von St. Peter-Ording. Es gibt den Riesenparkplatz des Möbelhauses, der am Sonntag leer steht, es gibt das abgelegene Feld. Ich gestehe: Ich habe es getan. Habe links und rechts über die Schulter geschaut. Niemand da? Vamos! Ran an den Lenker! (m)

Auto spielen, aber richtig!

Wie spiele ich mit meinem Zweieinhalbjährigen richtig Auto? Autos nur hin und her schieben? Zu langweilig. Runter auf den Boden, auf die Knie! Alle Autogeräusche möglichst echt nachmachen. Motorgeräusche, Hupen, Martinshorn. Dem Kind hinterherfahren. Aneinander vorbeifahren. Sich in den Konvoi einordnen. Anhänger an- und abkoppeln. Das Auto über einen rüber fahren lassen. Da kommt erst der volle Spaß auf. Und man ist auf Augenhöhe mit seinem Kind. Während Sie in Ihrem eigenen Spielzeug sitzen, bitte nicht unbedingt alles nachspielen. Es könnte Sie den Führerschein kosten. (t)

Autoritäten testen!

Kinder müssen beizeiten darauf vorbereitet werden, Respektspersonen – beispielsweise Lehrer – zwar einerseits zu achten, sie andererseits aber auch in Frage zu stellen. Wichtig ist es in diesem Zusammenhang, den Kindern auch die Grenzen der schulmeisterlichen Unfehlbarkeit vor Augen zu führen. Dazu dient folgendes Experiment: Sie leeren über das Jahr die ein oder andere gute Flasche Pomerol oder auch alten Bordeaux. Die geleerten Flaschen heben Sie auf. Anlässlich der Abi-

A

turfeier Ihres Ältesten laden Sie die gesamte Lehrerschaft ein und kredenzen – aus besonderem Anlass – ebendiese edlen Weine. In Anwesenheit Ihres Sprösslings entlocken Sie den Lehrern höchste Begeisterungsrufe. Am Ende dieses Abends hat Ihr Filius viel gelernt – haben Sie doch gemeinsam, vor Ankunft der Gäste, billigsten Tafelwein in die mit edlen Etiketten verzierten Flaschen gefüllt. In vino veritas ... (k)

B

Babyschwimmen mit Papabeteiligung!

Kennen Sie die Szene aus dem Film »About a Boy« mit Hugh Grant, in der er sich alleine in einer Frauengruppe wiederfindet, die über die Probleme Alleinerziehender berät? Köstlich, kann ich Ihnen nur sagen! So ähnlich kam ich mir vor etwa 15 Jahren vor, als ich in Wiesbaden als einziger Mann mit meiner Tochter Julia am Babyschwimmen teilnahm. Einige Frauen schauten mich an, als hätte ich mich zum Stillkurs angemeldet. Dabei habe ich das Erstaunen nie verstanden. Denn mit dem Baby zusammen im Wasser zu sein macht auch einem Papa sehr viel Spaß. Und die Babys genießen die Schwerelosigkeit mit einer Freude, die schwer zu beschreiben ist. (r)

Bachwandern!

Seit ich vor Jahrzehnten einmal mit einer Jugendgruppe eine Abenteuer-Wanderung an einem Flüsschen machte, der uns schließlich durch ein Tunnel zu einem richtigen kleinen See führte, fasziniert mich das Bachwandern. Sie und Ihre Kinder sollten alte Sandalen anschnallen, und dann geht es auf zwei und manchmal auf vier Füßen über Stock und Stein Richtung Quelle. Übrigens endete meine Ur-Bachwanderung tragisch: Plötzlich tauchte wie aus dem Nichts ein aufgeregt fuchtelnder Herr auf (»Sie Idiot – baden mit Ihren Kindern in der Wasseraufbereitungsanlage der Stadt Brilon!«) und trieb uns in die Flucht. Also Vorsicht im Sauerland! (m)

Heimlich Backgroundinformation besorgen!

Wenn Sie mit Ihren Kindern einen Historienfilm anschauen, können Sie durch Ihr »enzyklopädisches« Wissen punkten. Muss ja keiner wissen, dass Sie sich schnell mal im Internet wieder auf Stand gebracht haben. Mit etwas historischer Halbbildung, die man diskret zum Ende eines Kostümfilms, z. B. »Troja«, einfließen lässt, kann man das von Brad Pitt geweckte Interesse der Tochter an der Ilias und den griechischen Heldensagen durchaus auf sich selbst lenken. Zumindest für ca. 10 Minuten funktioniert es. Und dann können Sie Ihren Sprösslingen auch gestehen, woher Sie so klug sind. Gibt noch mal Sympathiepunkte. (sch)

B

Den Badekönig machen!

Nur damit kein Missverständnis entsteht, damit ist nicht gemeint, dass man mit den Kindern Bahnen zieht. Der Kreislauf kommt hier anders in Schwung. Der Badekönig – das ist Papa. Und dafür muss er mindestens 20-mal hintereinander gemeinsam von der Riesenrutsche rutschen, sich verstecken und den Haifisch spielen, der die Kinder unbedingt fangen will. Einen Gummireif verteidigen, der einen großen Schatz darstellt, den die Kinder und deren Freundinnen und Freunde unbedingt haben

B

wollen (ein einsamer Job ohne Verbündete). Zum Aufwärmen nach dem Bad spielt man Fußball oder ein anderes Spiel auf der Wiese. Nach solch einem Tag schlafen nicht nur die Kinder gut. (r)

Badeparty durchführen!

Fragen Sie in Ihrem städtischen Schwimmbad nach: Dort werden oft Teile des Bades für zwei oder drei Stunden an Geburtstagsgesellschaften vermietet. Sie können dann die Geburtstagsparty Ihrer Tochter im Schwimmbad feiern. Nicht die übelste Location! Macht was her! Wo Ihr Kind ja wahrscheinlich die Einzige in der Klasse ist, die keinen Pool zu Hause hat. Oder täusche ich mich? (st)

In die Badewanne!

Es soll Väter geben, die noch nie mit ihrem Baby oder Kleinkind gebadet haben. Sie überlassen das der Mami. Unglaublich! Es ist so einfach, dauert mindestens eine tolle, schöne Stunde lang, entspannt und erfrischt alle Beteiligten; man hat Hautkontakt und hält sich lieb, lacht und spritzt, erquickt sich an den Gummienten – und wird auch noch sauber dabei. Und dann geht der Spaß erst richtig los. Auf dem Bauch von Papa lässt sich prima Trampolin springen und platschen tut es auch noch. Und wenn dann noch das Wasser über die Wanne hinausschwappt – herrlich! Bitte das Kind beim Herumtoben in der Wanne immer an der »Führhand« nehmen, sonst sind Beulen vorprogrammiert. Vor dem Aufwischen des Badbodens sollte Mann sich nicht fürchten. Keine feine Art, wenn Sie das der Mama überlassen. Am besten, Sie nehmen sie auch noch mit in die Wanne. Zu dritt putzt sich's leichter. Und es hat auch sonst noch Vorteile. (t)

Baggersee statt Freizeitpark!

Die Kids fahren auch gern mal mit Ihnen weg, wenn unterwegs ein Ziel angesteuert wird, dass den Kindern gefällt. Es muss nicht immer der sauteure Erlebnispark sein. Eine schöne Bergwiese, Paddeln im Kanal, ein Strand am nahe gelegenen Badesee tun es auch. Packen Sie ein tolles Picknick ein, so sparen Sie sich den öden Gasthof oder McDonald's. Nehmen Sie Federball, Boule-Kugeln und Fußball mit, und treiben Sie Sport im Freien: das ist nicht nur gesund, die Kinder können ihren Bewegungsdrang austoben, und alle haben mächtig Spaß miteinander. (sch)

B

Bahnhof besuchen!

Es ist Samstagmorgen und wir wollen was erleben? Na denn: Wir besuchen den Bahnhof. Eisenbahnen, Züge und all das Drumherum sind eh ein Grund zur Begeisterung. Es pfeift und es gibt jede Menge Menschen zu sehen. Wir können die Lokomotiven aus der Nähe anschauen. Vielleicht lässt uns ein wartender Zugführer in das Cockpit eines IC. Dann verpflegen wir uns mit Currywurst supergesund. Papa erklärt, woher die Züge kommen und wohin sie fahren. Zum Schluss nehmen wir uns einen Gepäckwagen und rasen in wahnsinniger Fahrt die Bahnsteige auf und ab. (t)

Bart wachsen lassen!

Lassen Sie es sprießen, wenn der Urlaub naht! Kinnbart, Schnurbart, Vollbart, Monjou-Bärtchen – ganz egal. Kinder wollen es lustig, wollen das Ausprobieren, brauchen so ein bisschen Anarchie, eine Dosis Verrücktheit, ein bisschen Aus-der-Rolle-Springen. Sie wollen sehen, dass ihr Papa Pep hat und jung ist, kurz: dass man mit ihm Pferde stehlen und ihn am Bart kraueln kann. Ein (Schnurr-) Bart hat übrigens den unschätzbaren Vorteil, dass man ihn jederzeit wieder abrasieren kann. (m)

Bastelshop besuchen!

Basteln ist mit Kindern noch immer der Hit. Am besten räumen Sie für die nächsten Jahre im Keller mal eine Ecke frei. Es ist wirklich schön, mit eigenen Händen etwas entstehen zu lassen. Gehen Sie in die nächste Buchhandlung und kaufen Sie sich einen Ratgeber zu einem Thema, das Sie selber interessiert. Noch besser: Besuchen Sie einen Bastelshop – und schnüffeln Sie gemeinsam mit Ihrem Kind nach der Bastelgeschichte, die Spaß macht und altersmäßig passt. Ölmalerei ist vielleicht noch nicht richtig. Auch Laubsägen dürfte eher noch Zukunftsmusik sein. Filzen geht schon eher. Origami funktioniert ab vier. Bloß eines können Sie sich abschminken. Ihr Kind wird vermutlich niemals basteln, wenn Sie ihm einfach nur die Packung plus Anleitung hinlegen. Da müssen Sie selbst schon mal ran! Wenn Sie es ernsthaft versuchen, wird Ihr Kind mitmachen und Schritt für Schritt eigene Dinge tun. Wenn es Papa zulässt. Es soll schon Väter gegeben haben, die die Eisenbahn ihrer Kinder für sich selbst gekauft haben. (t)

Baumarkt besuchen!

Gesetzt den Fall, Sie haben Söhne. Fahren Sie mit Ihnen nicht ins Theater, nicht ins Museum, nicht zum Abenteuerspielplatz, gehen Sie nicht über Rot, fahren Sie in den nächsten Baumarkt und bleiben Sie dort zwei Stunden. Probieren Sie den neuen Bohrhammer aus, checken Sie die Elektroschnäppchen, vergleichen Sie Schraubentypen, testen Sie durch Liegeproben die neueste Badewannenkollektion und fachsimpeln Sie mit Ihren Knaben über Rasentraktoren. Sie brauchen nichts zu kaufen. Man könnte natürlich ein neues Set Kreuzschrauberbits, die Bandsäge aus dem Angebot und noch so ein paar Sächelchen mitnehmen – halt, was Mann eben so braucht, wo man schon mal da ist. (m)

B

Begrüßen – aber richtig

Und weil Papa so ein großer Kerl ist, sollte er sich bei der Begrüßung von kleinen Kindern bücken, um ihnen zu zeigen, dass auch ein großer Kerl klein werden kann. Bei großen Kindern sollte er wieder aufstehen und nach einem kurzen Augenkontakt entscheiden, ob er die Hand schüttelt oder ob ein kurzes Kopfnicken reicht. (r)

Bergsteigen gehen

Ist doch auch eine Idee. Wenn Sie fit sind. Wenn Sie schwindelfrei sind. Ihre Kinder sind es allemal. Für alle Flachländler: Wenn Sie erst mal oben sind (zumindest etwas weiter als zu Beginn der Tour), belohnt Sie die Aussicht allemal für die Strapazen. (st)

Bergwandern, aber tricky!

Wir waren noch junge Idealisten, hatten erst zwei kleine Kinder und dachten allen Ernstes, Wandern sei der Hit für Kinder. Wir hatten uns im Tiroler Villnöss-Tal nur mal eben 700 Höhenmeter vorgenommen, um auf der Alm fein Mittag zu essen. So auf 200 von 700 Höhenmetern streikten die lieben Kleinen. Über meine Lösung des Problems müssen wir noch heute schmunzeln. Papas Idee: Wir spielen Flugzeug, und die beiden Kinder haben je einen Brombeer-Turbo als Antrieb. Wie der funktioniert? Ganz einfach: Brombeeren einwerfen, dann geht der Turbo ab! Wir sind den Berg nur so hinaufgeflogen! (m)

Bett anwärmen!

An kalten Winterabenden ist ein Bett besonders kuschelig, wenn man die Decken vorher auf der Heizung anwärmt, die Kinder im Badezimmer oder wo auch immer warm einhüllt. Danach kommen Sie auf Papas Rücken und galoppieren mit ihm zum Kinderzimmer (Wiehern nicht vergessen!). Dort wirft Papa sie direkt über dem Bett ab und liest noch eine Geschichte vor. (r)

Bett nach oben bauen!

Kinderzimmer sind in den meisten Fällen nicht allzu üppig dimensioniert. Wenn das Kind größer wird, hätte es gerne ein Sofa oder einen Sessel in seinem Zimmer. Aber wohin damit? Bauen Sie einfach in die Höhe! Eine simple Balkenkonstruktion, die Sie allerdings auch an der Wand befestigen müssen, genügt, um das Bett in einer solchen Höhe zu fixieren, dass darunter Platz ist für eine gemütliche Sitzgelegenheit. Trauen Sie sich das ruhig zu – an Ihnen muss kein Schreiner verloren gegangen sein. Schon schwieriger ist der Bau einer Holzleiter mit Rundsprossen. Notfalls lassen Sie sich die Löcher dafür beim Schreiner bohren. (m)

Bierdeckel mitbringen!

Wenn Sie beruflich häufig auf Reisen sind, ist es für die Kinder immer sehr schön, wenn Sie Ihnen eine Kleinigkeit mitbringen. Aber es können natürlich nicht immer teure Souvenirs sein. Bringen Sie doch von der Reise etwas mit, was gar nichts kostet, Ihren der Sammelleidenschaft verfallenen Kindern aber Riesenfreude bereitet: Bierdeckel. Jede Brauerei setzt ihren Ehrgeiz dran, die originellsten und schönsten Bierdeckel zu haben. Ihr Kind kann sie in ein Album kleben. Wundern Sie sich aber nicht, wenn Sie eines Tages die Zimmerdecke des Kinderzimmers damit gepflastert finden. (r)

B

Bilder knipsen!

Haben Sie schon mal eine Einmal-Kamera gekauft? Nein. Dann kaufen Sie jetzt gleich so viele, wie Sie Kinder haben, und noch zwei für sich und Ihre Frau. Jetzt ist der Sonntagnachmittag gerettet. Sie machen damit nämlich einen familieninternen Fotowettbewerb. Hinaus in den Winterwald! An den See! In die Wiesen am Fluss! In die Stadt! Am Abend kommen Sie mit reicher Beute zurück. Nach dem Entwickeln kann man ja sehen, wer die besten Treffer erzielt hat. Billiger geht's mit Digi-Cams. Aber wer hat schon genügend Digi-Cams im Haus? (m)

Bilder rahmen!

Wenn Ihr Kind mal wieder ein ganz toll gemaltes Bild aus dem Kindergarten oder der Schule mit nach Hause bringt (und Sie ehrlich begeistert sind), dann sagen Sie ihm: »Das ist so schön – das müssen wir rahmen und aufhängen!« Und am Samstag nehmen Sie Ihren Sprössling und sein Meisterwerk dann mit in den Baumarkt. Dort suchen Sie dann gemeinsam einen passenden Rahmen aus und hängen das Bild an einem netten Platz in der Wohnung auf. (m)

Blumenbeet anlegen!

Der Vater jubelt, wenn sich der Nachwuchs für sein Hobby begeistert; der Gärtner in Ihnen sieht mit Besorgnis, wie seine kostbaren Züchtungen kindlichem Spieltrieb zum Opfer fallen könnten. Ein Ausweg aus dem Dilemma: Überlassen Sie Ihrer Tochter ein kleines Stück Garten für ein eigenes Beet. Hier kann sie ganz nach Belieben – und unter Ihrer Anleitung – aussäen, umpflanzen, züchten und ernten. Und so ganz nebenbei bringen Sie Ihrem Kind auch eine gewisse Konstanz bei, denn ohne regelmäßige Pflege geht im Garten nicht viel. (1)

B

Bobbycar anschaffen!

Bobbycar muss sein. Aber warum hat eigentlich noch niemand die geheimen Verbindungen der Schuhproduzenten-Lobby mit dem Bobbycar-Hersteller untersucht? Auch wenn Bobbycar überall in den höchsten Tönen angepriesen und als wertvoll dargestellt wird: was alle verschweigen, sind die gigantischen Mengen von Schuhen, die im Laufe einer Kindheit beim Fahren von Bobbycars zerschlissen werden. Also planen Sie bei der Planung des Erstwagens Ihrer Kinder am besten gleich einen Etat für Schuhe mit ein. Oder Sie motivieren Ihren Kleinen zum Barfuß-Bobby-Driving auf dem Rasen. Sie sehen, nicht nur Ihr Kombi hat »Verbrauchswerte«. Auch ein Bobbycar verbraucht nicht nur Muskelkraft. (st)

Bodyart vor Badewanne!

Mit Wachsmalkreiden (wasserlöslich und ungiftig) kann man auch auf der Haut malen. Es gibt aber auch spezielle Farben für diesen Zweck. Bevor wir beide uns in die Badewanne legen, gönnen wir uns den Spaß und malen uns Muster, Ornamente, »Tattoos«, was halt so geht, auf die Astralkörper. Nach einiger Zeit sehen wir aus wie die Ureinwohner von Papua-Neuguinea. Besonders lustig ist es, wenn man sich gegenseitig anmalt. Ein Auto auf dem Bauch und ein Mondgesicht auf den Oberarm – der Phantasie sind keine Grenzen gesetzt. (t)

Bodyguard für Kuscheltiere!

Das wichtigste Gepäckstück bei Auslandsreisen ist nicht das Beauty-Case Ihrer Frau, ist nicht die Reisekasse, sind nicht die zwei Extrakoffer Ihrer Frau, ist nicht die neue Digitalkamera: sondern ausschließlich das Lieblingskuscheltier Ihrer Tochter oder Ihres Sohnes. Wenn Sie nicht mal darauf aufpassen können, wie wollen Sie dann der Bodyguard Ihrer Kinder sein? (st)

B

Bollerwagen mitnehmen!

Als unsere Kinder noch kleiner waren, war es der Hit, einen richtigen Bollerwagen mit in den Urlaub zu nehmen. Das war unser wichtigstes Gerät. Man glaubt es kaum: Mit solch einem Bollerwagen ausgestattet, kann man mit Kindern wirklich wandern. Ein Bollerwagen entlastet von Rucksäcken oder von der lästigen Schlepperei all der Dinge, die eine Familie nun einmal am Strand braucht. Allerdings müssen Sie damit rechnen, dass Papa ziehen darf – meistens die Kinder. (m)

Bolzplatz ansteuern!

Wenn mal wieder ein Sonntag überhaupt nicht rumgehen will, aber das Wetter recht schön ist: Packen Sie die ganze Familie ins Auto ein, auch wenn alle murren. Nehmen Sie einen Ball mit und steuern Sie den nächsten Bolzplatz an! Bilden Sie zwei Mannschaften: A spielt gegen B. Was glauben Sie, wie viel Spaß es den Kleinen macht, die Mama im Tor auszutricksen, und selbst Ihre große Tochter findet es große Klasse, ihrem alten Herrn – Ihnen – einen Ball im Kasten versenken zu können. (sch)

Brot tarnen!
Unser kleiner Mann mag kein Brot; dabei ist das doch so gesund. Brot in mundgerechte Stücke schneiden. Stücke vor den Augen des Kindes in den Lieblingsfrüchtejoghurt (oder in Tomatensauce, oder in Orangenmarmelade, oder in Apfelmus, oder in Mandelpudding, oder in ...) versenken. Es macht einen Riesenspaß, die Teile aus dem Becher zu fischen. Und dann schmecken die auch noch so gut. Mmmh ... ! (t)

Brennglas-Experimente machen!
»Papa, mir ist heiß!« Die Sonne brennt herunter, und Sie haben keine Zeit fürs Schwimmbad oder größere Aktivitäten? Vielleicht findet sich ja noch irgendwo eine alte Lupe, die Sie als Brennglas verwenden können? Damit lässt sich die Kraft der Sonnenstrahlen wunderbar demonstrieren. Pflücken Sie sich ein paar Blätter vom nächsten Baum und brennen Sie Muster oder lustige Figuren hinein. (l)

Brüderchen verhindern!
Da Sie selbst ein Mann sind, haben Sie totales Verständnis: Es gibt für kleine Mädchen nichts Übleres als Jungs. Die stinken, grölen rum, zerfet-

zen Puppen. Unerträglich! Geben Sie sich Mühe. Zeugen Sie niemals einen Jungen. Oder wollen Sie Ihren Titel »bester Papa der Welt« aufs Spiel setzen? Never. Zum Dank wird Ihr Töchterchen zu Ihnen aufschauen, jedenfalls bis der erste Freund am Horizont erscheint. Was ich noch sagen wollte: Lesen Sie doch bitte auch unter Buchstabe S das Stichwort »Schwesterchen verhindern!«. Aber verraten Sie es nicht Ihrer Tochter. (st)

Buffet – mal outdoor!

Tipps fürs Schmausen unterwegs: Bitte nicht nur die üblichen Butterstullen schmieren. Nehmen Sie die Kinder zum Einkauf mit, wälzen Sie das »Fingerfood-Kochbuch«, packen Sie für sich und die Frau Gemahlin einen guten Roten oder eine Flasche Prosecco ein. Bereiten Sie ein komplettes Menü vor, das auch kalt schmeckt. Leckere Salate, gebratene Hühnerbeine, tollen Schinken, Würste und Käse. Frisches Baguette, Brezeln. Und nicht den Nachtisch vergessen, wie wäre es mit einer »Mousse au chocolat«? Für dieses Buffet im Freien vergessen Ihre Kinder alle anderen Ablenkungen. (sch)

C

Cabrio verkaufen!

Es mag durchaus sein, dass es hinter dem Lenkrad und rechts neben Ihnen kein annähernd vergleichbares Fahrgefühl gibt wie in Ihrem 16 Jahre alten Cabrio. Aber selbst wenn Sie es tatsächlich schaffen sollten, den Kindersitz fachgerecht und sicher zwischen Beifahrersitz und dem Beginn der Persenning zu montieren: die Fahrtwinde machen höchstens dem Hund auf dem Poster Spaß. Ihr Nachwuchs sieht das sicher anders. Ergo: es führt kein Weg an einem Kombi vorbei. (st)

Campen!

Überraschen Sie Ihre Kinder. Verraten Sie nicht, was Sie im Sommerurlaub machen werden. Sagen Sie nur: »Am 7. August geht es auf große Fahrt!«. Mieten Sie sich heimlich ein Wohnmobil oder einen Caravan – und lassen Sie die Kinder am Vorabend entscheiden, wohin die Reise gehen soll. Steht das »Hoch über Skandinavien« kann es in den Norden gehen: Drehen Sie das Lenkrad nach links! Regnet es dort, bleibt Ihnen jede Menge Süden oder Südosten: Dann nach rechts drehen! Und warum eigentlich nicht geradeaus Frankreich? Sie müssen wirklich nicht buchen! Geben Sie einem Ihrer Kinder den ADAC-Campingführer auf den Schoß und ein Handy in die Hand. Ein paar Adressen durchtelefonieren – vielleicht sind Sie am Abend an einem traumhaften Platz, von dem Ihre Kids gar nicht mehr wegwollen (selbst wenn er im Harz liegt). (m)

Captain Hook spielen!

Im Sommer liegen die Kinder und ich im Urlaub zwar gerne am Strand und lesen, aber wir brauchen Abwechslung. Deshalb spielen wir oft Captain Hook und Peter Pan. Luftmatratzen, ein Schwimmreifen und ein Schlauchboot werden schnell zu Schiffen und Inseln erklärt. Und natürlich ist klar, wer Captain Hook spielt und Peter Pan ans Leder will. Aber leider gibt es da noch das Krokodil. Gelegentlich gelingt mir zwar die eine oder andere Entführung, doch Peter Pan und seinen Freunden bin ich auf Dauer nicht gewachsen. Richtig anstrengend wird es, wenn sich auch die Kinder »von den Handtüchern nebenan« entschließen mitzuspielen. (r)

Charakter und Individualität bewahren!

In wichtigen Erziehungsfragen sollten sich die Partner auf jeden Fall abstimmen und eine klare Linie haben. Unrealistisch und meiner Meinung nach geradezu schädlich für die Kinder ist aber, Ihnen vorzuspielen, dass Papa und Mama in allem die gleiche Auffassung vertreten. Persönlich halte ich es für wichtig, dass Kinder ihre Eltern auch als Individuen erfahren. Das drückt sich durchaus in unterschiedlichen Meinungen und gelegentlichem Streit aus. Die Gefahr, gegeneinander ausgespielt zu werden, besteht immer, wird aber zu sehr dramatisiert. Schließlich gehört auch das Argumentieren und Taktieren zum Leben. Und Kinder, die in Auseinandersetzungen mit den Eltern kein Erfolgserlebnis haben, werden genauso scheitern wie die, die immer ihren Willen bekommen. Die Letzteren, weil sie nicht verlieren gelernt haben, die Ersteren, weil sie nicht gelernt haben zu gewinnen. (r)

Chauffeur spielen!

Nein, spielen Sie nicht bei jeder Gelegenheit den Chauffeur. Man kann sich zu Fuß fortbewegen; es gibt Fahrräder, die den Frischluftquotienten erhöhen, und öffentliche Nahverkehrsmittel, deren praktische Vorzüge man Kindern nicht früh genug vor Augen führen kann. Aber dann, wenn Ihr Kind mal nicht damit rechnet – dann sollten Sie zur Stelle sein: »Das ist ja so ein Sauwetter – komm, ich fahr dich und hol dich auch wieder ab!« (m)

Christbaum selber schlagen!

Klar, Sie können Ihren Christbaum auch vor dem Supermarkt kaufen oder sich gleich einen fertig beglitzerten, aufblasbaren Plastikchristbaum zulegen. Viel spannender ist es, wenn Sie sich beim nächsten Forstamt erkundigen, wo man denn seinen Baum selbst schlagen kann. Nehmen Sie Säge, Beil und Ihre komplette »Gutachtertruppe« mit und machen Sie sich auf in den dunklen Tann! Es ist für die Kinder etwas ganz Besonderes, wenn sie den selbst geschlagenen Baum fürs Christfest aufputzen dürfen. (m)

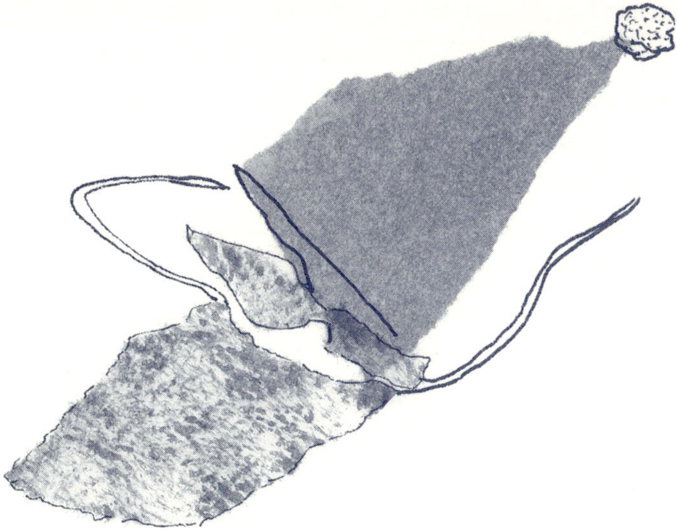

Christkind vor Entzauberung schützen!

Sie möchten die Illusion von Christkind und Osterhase möglichst lange aufrechterhalten? Spricht ja manches dafür, dass man den Kindern diese verzaubernden Märchen nicht vor der Zeit nimmt. Die Aufrechterhaltung dieser Kindermythen hängt unter anderem davon ab, wie viele soziale Kontakte Sie Ihrem Kind zugestehen. Spätestens in der Grundschule wird Ihr Kind auf so genannte aufgeklärte Kinder treffen, für die das Christkind schlicht nicht existiert. Die genau wissen, dass der Walkman von Papa ist. Sie waren beim Kauf ja dabei. Spätestens dann sollten Sie vorsichtig beginnen, mehr auf die Inhalte der Feste Bezug zu nehmen. Sonst sorgen Sie für Tränen. Oder Ihr Kind versucht Sie zu schonen – es lässt Sie einfach im Glauben, dass die Spuren im Schnee vom Osterhasen sind. Und nicht von Ihnen. (st)

Cocktails mixen!

Eröffnen Sie Ihren Kindern, dass Sie in Ihrem früheren Leben Weltmeister der Barkeeper waren. Natürlich wird man Ihnen kein Wort glauben. Treten Sie beim nächsten Kindergeburtstag den Gegenbeweis an. Erfinden Sie fantasievolle Mixgetränke, deren Namen noch kein Mensch gehört hat. Diese Mixgetränke müssen eigentlich nur zwei Kriterien Genüge tun: erstens süß, zweitens bunt. Also decken Sie sich mit Tomaten-, Orangen-, schwarzem Johannisbeersaft ein, außerdem noch mit einigen garantiert ungesunden grünen, gelben bzw. türkisblauen Sirup-Essenzen – und bieten Sie an: Black Stake, Grünen-Witwen-Killer, Bloody-Doody und als Absacker: Oberammergauer Tantenwasser. (m)

Co-Pilot spielen!

Es lässt sich nicht leugnen – Ihre älteste Tochter spricht auffallend häufig von den ersten Fahrversuchen ihrer Freunde; sie kennt sich mittlerweile bestens in den Fahrzeugtypen der unteren Mittelklasse aus, macht mit bei jedem »Mini-zu-Gewinnen-Preisausschreiben« und wünscht sich seit neuestem zu allen denkbaren Gelegenheiten nur noch Geldgeschenke. Der beste Vater ahnt, was da auf ihn zukommt. Und: Er überrascht sein groß gewordenes Kind eines Morgens mit dem Vorschlag, doch gemeinsam auf den Autoübungsplatz zu fahren. Der coole Vater nimmt natürlich den eigenen Wagen und nicht den der Frau. Der coole Vater ist ein ganz entspannter Co-Pilot und belässt es bei technischen Einweisungen. Und: Der coole Vater nimmt's gelassen, wenn die Tochter ganz ohne männliches Eingreifen ihren ersten Parcours bravourös meistert. (k)

Da sein, wenn etwas passiert ist!

Meine Tochter Antonia hat sich vor kurzem bei einem Reitunfall den Arm gebrochen. Meine Frau hat das ganze Drama miterlebt und rief mich an. Für mich war es selbstverständlich, dass ich zum Krankenhaus fuhr, um meine Tochter und meine Frau zu unterstützen. Die Situation, Schmerzen zu haben, sich hilflos zu fühlen, warten zu müssen, verträgt ein Kind mit Beistand besser und es fühlt sich mit Mutter und Vater gestärkt und nicht mehr ganz so schwach. (r)

Demokratie einüben!

Man kann nicht von Demokratie reden und die Entwicklung selbstständiger Persönlichkeiten erwarten, wenn man nicht bei den Entscheidungen des Alltags die Kinder mit einbezieht. Wohin wir z. B. in den Urlaub fahren, das wird von allen gemeinsam entschieden. Hier bin ich auch schon überstimmt worden und habe es mannhaft ertragen. Jeder Entscheidung geht ein Entscheidungsprozess voraus. Hier lernt man gleich drei Dinge: vernünftig argumentieren, sich durchsetzen, getroffene Entscheidungen akzeptieren. (r)

Dichten Sie mal!

Jedes Jahr das gleiche Dilemma! Ihr Kind weiß nicht, was es Mama zum Geburtstag schenken soll. Ihnen fällt schon selbst nichts ein, und jetzt sollen Sie auch noch Ihrer Tochter einen guten Tipp geben. Hatte die Mama nicht neulich einen Gedichtband von Rilke auf dem Schreibtisch liegen? Wie wäre es, wenn sich Ihre Tochter mal als Dichterin versucht? Legen Sie mit ihr ein Thema und eine Versform fest – und schon kann's losgehen mit dem lustigen Reimen. Ein bisschen werden Sie dem Kind schon unter die Arme greifen müssen (»Papa, was reimt sich denn auf lieb?«) – aber es lohnt sich. Die meisten Mamas freuen sich über ein Gedicht aus eigener Produktion viel mehr als über etwas Gekauftes. (l)

Distanz halten!

Jedes Kind braucht Momente des Alleinseins und mit zunehmendem Alter braucht es sie besonders. Deshalb ist es wichtig, die geschlossene Zimmertür zu respektieren und nicht ständig aufzutauchen, wenn die Freundinnen oder ein Freund da sind. Die Kinder binden uns eh nicht alles auf die Nase und der Prozess der Selbstfindung kann nur aus der Distanz begleitet werden, sonst hieße es ja auch »Fremdfindung«. Nähe bleibt trotzdem bestehen und es ist ja auch nicht so, dass man nicht miteinander redet. (r)

Doppelschnuller!

Geben Sie Ihrem Schnullerbaby nicht nur einen Schnuller mit ins Bett, sondern zwei. Das gibt ihm Sicherheit. Rutscht das »lebenswichtige« Utensil unter die Bettdecke, hat unser schläfriges Baby immer noch den anderen griffbereit. Es funktioniert auch, wenn das Baby ganz schlaftrunken ist. Nebeneffekt: Papa muss nicht das große Licht anmachen und die Einschlafphase unterbrechen. (t)

Drachen steigen lassen

Haben Sie schon mal an der Nordseeküste einen Lenkdrachen steigen lassen? Zwei Dinge brauchen

Sie (neben dem Gerät) dazu: Platz und eine steife Brise. Sie werden feststellen: Ein vergleichsweise preiswertes Vergnügen und ein Heidenspaß für alle Altersklassen. Am besten kaufen Sie gleich zwei Stück. (sch/r)

Dübel zweckentfremden!

D

Dem Schrecken der stundenlangen, nur von eintönigen Staus unterbrochenen Autofahrt in die Sommerferien müssen wir mannhaft ins Auge sehen. Mit wenigen Hilfsmitteln lassen sich aber im Vorfeld gemeinsam interessante Geschicklichkeitsspiele entwickeln, die hervorgezaubert werden, sobald auf der Straße gar nichts mehr geht. Zum Beispiel das Dübelspiel. In eine etwa 10 x 10 cm große quadratische Holzplatte werden in gleichen Abständen 6 x 6, also 36 Löcher gebohrt. In die 36 Löcher werden 35 Holzdübel gesteckt. Ein Loch bleibt frei. Aufgabe dieses Geschicklichkeits- und Geduldsspiels ist es, durch Überspringen jeweils eines Dübels möglichst viele Dübel vom Brett zu räumen. Mit etwas Geschicklichkeit bleibt am Ende nur einer übrig. Bis das gelingt, können Stunden vergehen – und »hast-du-nicht-gesehen« ist das Urlaubsziel erreicht. (m)

Duftspiel machen!

Die Kunststoffdöschen für Filme landen eigentlich im Müll. Leider rangiert sie das digitale Zeitalter gerade aus. Dabei sind die doch so praktisch. Zum Sachen-Aufheben, zum Spielen. Also bitte unbedingt aufbewahren. Das Duftspiel geht so: in die Döschen werden verschiedene Düfte »abgefüllt«. Parfüm von Mama, diverse Gewürze und Kräuter, Rosenblätter, Shampoo etc. Die Dosen werden durchgemischt und die Kinder müssen eine Dose herausfischen und den Duft erkennen. Verbundene Augen erhöhen die Konzentration und die Spannung beim Spiel. (t)

E

Eckige Ecken entschärfen!

Sobald Sie die Erfahrung machen, dass Ihr Nachwuchs, der endlich (so mit zwei wackligen Beinchen) laufen kann, beim Um-die-Ecke-Biegen gegen einen dort abgestellten Tisch läuft, werden Sie sofort etwas mit dem Begriff »runde Ecke« anfangen können. Also kümmern Sie sich beizeiten darum, alles Harte, Eckige, Kantige aus Ihrem Lebensraum zu verbannen. (st)

Ein-Euro-Wochenende konzipieren!

Sie benötigen gar nicht viel an Ausstattung und Vorbereitung: eine gute Wanderkarte, ein Zelt, Schlafsäcke, ein paar Wechselklamotten für die Kinder, einen Laib Vollkornbrot, Dauerwurst und Schnittkäse, ein scharfes Messer und für den Fall der Fälle einen Kompass. Und schon geht's los: entweder direkt von Ihrer Haustüre oder vom Rastplatz eines nahe gelegenen Waldes. Handy,

Walkman und GPS bleiben zu Hause, denn Sie wollen Ihren Kindern ja mal zeigen, wie das so ist, ganz auf sich gestellt und allein mit der Natur. Von dem einen Euro teilen Sie sich am Ende der erfolgreichen Wildnisdurchquerung dann brüderlich ein Wassereis. (k)

Eier färben und bemalen!

Nur Banausen und chronisch Überarbeitete kaufen diese bereits fertig gefärbten Ostereier. Der beste Papa der Welt, holt sie vom Huhn oder wenigstens natura aus dem Supermarkt, um sie mit den Kindern kunstvoll zu färben und vielleicht sogar das eine oder andere Ei zu bemalen. Selbst Kochen und Färben ist Standard. Eier-Art ist eine Stufe höher angesiedelt. Man bläst ein Ei aus, versieht es mit einer Grundfarbe, die nach dem Trocknen und in einem zweiten Arbeitsgang mit kunstvollen Ornamenten oder Motiven bemalt wird. In unserer Familie gab es eine Tante, die es im Eiermalen zu seltener Perfektion brachte. Ihre kostbaren Objekte werden von Generation zu Generation weitergegeben und bilden Jahr um Jahr den Schmuck für den Osterstrauch. (m/l)

Keine Eifersucht provozieren!

Die Geburt des zweiten Kindes ist natürlich ein freudiges Ereignis. Verwandte, Freunde und Bekannte kommen, um das Kind zu sehen. Natürlich bringt man Geschenke für das Kind mit und vergisst dabei häufig das erste Kind. So schafft man unnötig Eifersucht und das Gefühl, zurückgesetzt zu werden. Bei den Menschen, bei denen Sie es beeinflussen können, drängen Sie bitte darauf, dass sie auch für das erste Kind eine Kleinigkeit mitbringen. Auf jeden Fall empfiehlt es sich, in dieser Zeit ein paar Geschenke vorrätig zu haben, um gegebenenfalls ausgleichend zu wirken. Das schafft mehr Harmonie zwischen den Kindern. (m)

Beim Einschlafen begleiten

Zugegeben, manchmal ist es schon lästig. Endlich haben Sie ein paar Minuten für sich und Ihre Frau, um schnell noch mal in die Zeitung zu schauen, ein Glas Rotwein zu trinken, die Beine hochzulegen. Nein, nichts wird's. Sie müssen den Kleinen ins Bett bringen, und er schläft so lange nicht, bis eine Geschichte vorgelesen und ein Gutenachtgebet gesprochen wird. Tun Sie ihm den Gefallen. Diesen Zeiten werden Sie noch nachtrauern. Im Nu sind die Kinder groß. Nie wieder sind Sie Ihrem Kind so nah, haben Sie Einblick in seine Seele. Wählen Sie ein kurzes Märchen der Brüder Grimm, eine 1-2-3-Minuten-Geschichte. Woher? In Ihrer Buchhandlung gibt's Regalmeter voll Gutenachtbücher. (sch)

Eis essen gehen!

Das ist noch immer der große Sommerhit, wenn Papa (oder Mama) am Abend eines dieser drückend heißen Tage, an denen die Schar der Kiddies träge vor dem TV lümmelt, die Parole ausgibt: »Los, Leute – wir gehen noch ein Eis essen!« Wow – dafür lassen sie noch immer jeden Film

Film sein! Natürlich schmachten wir auch selbst nach Erdbeere, Caramel und Schokolade. Aber wir laden bewusst auch ein, um das Gemeinschaftsgefühl zu beleben: Je älter die Kinder nämlich werden, desto selbstständiger gehen sie ihren eigenen Interessen nach. Umso wichtiger sind dann ebensolche kleinen familiären Events wie der gut gelaunte Marsch zur Eisdiele – gewissermaßen Lichtpunkte im familiären Alltag. (m)

E

Ins Eisstadion gehen!

Ich weiß, ich weiß: 1. Die Kameras der Sportschau sind näher dran. 2. Selbst ein Premiere-Abo ist günstiger als der Eintritt ins Eisstadion, wenn es gegen die Cracks aus dem Westen der Republik geht. Trotzdem: Bringen Sie demnächst einmal zwei Tickets für das Spitzenspiel mit (vielleicht dann, wenn Sie Ihrem Kind mal eine Anerkennung aussprechen wollen) und legen Sie eines davon unter das Kopfkissen Ihres Kindes: »Lieber ..., wie Du siehst, haben wir am Samstag was vor! Dein Papa«. (m)

Engele, Engele, fliiiiieg!

Etwas vom Raffiniertesten aus der Trickkiste unserer Eltern angesichts der alle Zeiten übergrei-

E

fenden Frage: »Wie bewegt man kleinere Kinder dazu, mit Mama und Papa spazieren zu gehen? Indem man sagt: »Wir machen auch Engele, Engele, fliiiiieg!« Hier die Anleitung für alle, die in dieser Tradition nicht mehr unterwiesen wurden: Das Kind geht in der Mitte. Mama nimmt die linke Hand, Papa die rechte des Kindes. Auf Kommando laufen alle drei los. Hat die Truppe ein gewisses Tempo erreicht, heißt es: »Engele, Engele fliiiiieg!« (mit gaaaanz langem iiiii). Dabei werden die Arme sanft nach oben gerissen – und auf »iiiiiiii« fliegt unser »Engele« tatsächlich. Welch eine Lust! Und fit werden die Eltern auch noch dabei. Glauben Sie mal bloß nicht, Kinder würden sich mit einmal begnügen. Wenn Sie also nicht abnehmen wollen, führen Sie das Spiel am besten auch nicht ein. (m)

Entschuldigen!

Auch der größte Papa macht mal Fehler, ist ungerecht oder verletzend. Alles menschlich – und wenn es dann passiert ist und man die notwendige Zeit gehabt hat, es einzusehen, dann muss man sich bei den Kindern dafür entschuldigen. Man sollte das zum einen tun, weil man einen Fehler gemacht hat, zum anderen aber auch, weil man darin eine Vorbildfunktion hat. Andernfalls zieht man sich verknöcherte, selbstgerechte Rechthaber heran. (r)

E

Erbsen verstecken!

Sie saßen als Kind stundenlang vor dem Spinatteller, weil erst alles aufgegessen werden musste, bevor Sie die illustre Runde verlassen durften? Und Spinat gehörte nicht zu Ihren Lieblingsspeisen, obwohl er doch so gesund ist? Heute mögen Ihre Kleinen keine Erbsen, obwohl sie doch so gesund sind? Verstecken Sie die Erbsen doch im Kartoffelbrei. Dann macht es plötzlich Spaß, im Kartoffelbrei kleine Überraschungseier zu finden. (st)

Erinnerungen teilen!

Heute machen wir mal die »Nein-da-darfst-du-nicht-dran-Schublade« auf. Was für schöne Sachen gibt es da zu schauen! Und was für Geschichten ranken sich da um die Gegenstände herum! Ein Armband aus Elefantenhaar, ein Anhänger aus Südamerika, ein paar quietschrosafarbene Briefumschläge aus der Jugendzeit. Ein schöner runder Stein vom Mekong. Das Fotoalbum von der Fahrradtour durch Schweden. Eine Indio-Puppe aus Peru. Eine Versteinerung aus Marokko. Ein Stroh-esel aus Italien. Die Muschelkette geht gleich in den Besitz des Sohns über. Vorab vererbt gewissermaßen. (t)

F

Fahrradcoaching betreiben!

Natürlich gibt es wie überall Naturtalente, aber normalerweise muss man Fahrradfahren lernen. Es hat sich einfach so ergeben: Beiden Töchtern hat Papa das Fahrradfahren beigebracht und vielleicht können das ja auch die Väter besser. Zu empfehlen ist ein Sportplatz oder ein größerer Platz, der nicht immer belegt ist. Und beginnen Sie schon einmal mit leichtem Lauftraining. Julia und Antonia haben mit einem Fahrrad mit Stützrädern begonnen. Danach bekamen sie ein richtiges Rad. Am Anfang habe ich sie immer erst geschoben und sie mussten gleichzeitig in die Pedale treten. Dann haben wir das Tempo erhöht, und wenn sie es nicht merkten und Fahrt hatten, habe ich sie (immer nebenher laufend) losgelassen. Zuerst sind sie nur ein paar Meter gefahren, später eine Runde und zuletzt sind sie ganz alleine gefahren. Hat meinem Kreislauf übrigens nicht geschadet. (r)

Fahrradservice übernehmen!

Wissen Sie, warum Ihre Kinder so selten Fahrrad fahren? Schauen Sie mal im Schuppen nach. Sie werden Bauklötze staunen. Ihre Kinder haben Recht. Fahrradfahren geht gar nicht, weil bei Bike A die Luft raus ist, in Bike B ein veritabler Achter das Radeln zu einer Achterbahnfahrt machen würde und Bike C überhaupt nur noch aus Rahmen und Klingel besteht. Richten Sie die Räder wieder her – und zwar picobello, inklusive Putzen. Kleben Sie noch ein paar Smileys oder lila Punkte auf den Rahmen und investieren Sie gnadenlos in eine batteriegetriebene Lichtanlage. Und dann machen Sie Bescherung! Dann steht der nächsten Radtour am Sonntag ja nichts mehr im Weg. (m)

Fantasiereisen machen!

Helfen Sie Ihrem Kind, konkrete Fantasien zu entwickeln, wie es später sein könnte. Nehmen Sie an, Ihr Kind will Koch werden. Dann machen Sie mit ihm eine Traumreise in sein späteres Restaurant. Wo ist es gelegen? Wie sieht es aus? Wer macht die Jobs? Was gibt es dort zu essen? Oder

Ihr Kind will Kinderärztin werden. Dann stellen Sie sich vor, wie die Praxis kinderfreundlich gestaltet werden könnte. Oder Ihr Kind will Bauer werden? Dann träumen Sie mal von großen roten Traktoren. (m)

Fastenzeit nutzen!

Die Fastenzeit gehört definitiv nicht zu den Hits unserer Kinder. Ich mag sie auch nicht so. Aber sie ist wichtig. Wir versuchen nämlich in dieser Zeit, einmal unsere Freiheit zu testen, indem wir »ohne« leben, beispielsweise ohne TV, ohne Alkohol, ohne Sweeties. Sind wir am Ende schon abhängig, können wir nicht mehr »ohne«? Trotz Zähneknirschen: Inzwischen wissen wir, wie schön es ist, wenn man nach mehreren Wochen der Abstinenz etwas Gutes wieder als etwas Gutes schätzen und sich selbst besser kennen gelernt hat. (m)

Fastfood füttern, dann und wann!

Doch, doch – Sie lieben gesundes, vitaminreiches, fettarmes, geschmackvolles Essen: Gemüse, Salat, Obst! Ausgewogen soll es sein! Vor allem für die Kinder ist es ja so wichtig. Die sind ja noch in der Entwicklung. Denken Sie heute mal einfach nicht an Amerika mit seinen übergewichtigen Kindern.

Heute wird gesündigt. Mit Fastfood. Bei McDonald's. An der Pommesbude. Beim Türken. In der Kindererziehung darf man nicht jeden Döner auf die Goldwaage legen. Spaß ist auch wichtig. Noch wichtiger, dass Ihre Kinder sich nicht solche Sätze anhören müssen wie: »Waaaas – du warst noch nie beim Burger King?!!!?« Wenn Sie's tröstet: Meistens vererbt sich auch guter Geschmack. (st)

Feierabend machen!

Sie könnten es auch machen wie die Kollegen, die bis Ultimo im Betrieb bleiben. Setzen Sie sich eine Deadline, die Sie nur in ganz außergewöhnlichen Fällen überschreiten. Nehmen Sie Ihre abendliche Präsenz genauso wichtig, wie Sie einen Termin in der Firma wichtig nehmen! Sagen Sie Tschüss! Zu Hause wartet jemand auf Sie – Ihr Kind! Abends ist es dunkel, abends sind die Schatten an der Wand plötzlich real. Und da ist es schön, wenn man in den Arm genommen wird. Ihr Kind ist glücklich, nur weil Sie da sind. Auch Träume bekommen manchmal Wendungen, die zu Beginn noch nicht absehbar waren. Papa ist da – prima! Abends werden Sie zu Hause gebraucht, nicht in der Firma. Und auch nicht im Verein. (st)

Vom Fernseher weglocken!

»Musst du denn immer stundenlang vor der Glotze hocken?« Das tägliche Quantum ist längst überschritten, Ihr Kind hat schon viereckige Augen, und trotzdem kriegen Sie es nicht von der zehnten japanischen Trickfilmreihe weg? »Ich hab da ein neues Spiel, für das du eigentlich noch zu klein bist. Mit schwierigen Regeln, aber wenn du magst, können wir es mal ausprobieren ...« Springt Ihr Kind dann immer noch nicht an, hilft nur noch Stecker ziehen. (l)

F

Fernsehkonsum drosseln – bei sich!

Na klar, die totale Dauerberieselung ist ein Problem. Die Kinder finden am größten Schund Vergnügen. Seien Sie ehrlich, Ihre Western sind auch nicht immer Filmkunst. Ich befürchte, der Sache wird man nur durch Vorbild Herr. Je weniger Sie als Vater fernsehen und alternative Aktivitäten pflegen, desto eher bekommen Sie Ihre Kids von der Flimmerkiste weg. (sch)

Filmabend veranstalten!

Wenn man zu gar nichts Lust hat und das Wetter verrückt spielt – machen Sie Heimkino: Sie suchen sich den Lieblingsfilm der Familie aus:

kleines Brainstorming im trauten Kreis vorneweg. Dann wird demokratisch abgestimmt. Ein paar Leckereien vor den Fernseher bereitgestellt, etwas zu trinken für jeden, und dann holen Sie das Video, die DVD aus der Videothek. Ganz informell wird gemütlich getafelt und ein traumhafter Kinoabend veranstaltet, der Ihrer ganzen Familie im Gedächtnis bleibt. Tipp: besser funktioniert die Schnulze oder was mit Humor als der Actionfilm. (sch)

Filme nachträglich entschärfen!

F

Es soll zwar nicht vorkommen, aber es kommt vor. Kinder haben einen unheimlichen Film gesehen und fürchten sich. In diesem Fall begleitet Papa das Kind als »Leibwächter« überall hin, wartet beim Zähneputzen im Bad, lässt überall auf dem Weg das Licht brennen und auch in dem Flur vor dem Kinderzimmer. Die Tür bleibt natürlich einen Spalt auf, und zwischendurch versucht Papa die Lage zu entschärfen, indem er die »Monster« lächerlich macht. Wenn das alles nicht hilft, dann rückt man im eigenen Bett etwas zur Seite und freut sich über die Kommentare der Ehefrau. Denn eins ist klar: wenn es nach Mama gegangen wäre, hätte das Kind den Film überhaupt nicht gesehen. Gott sei Dank geht es meistens, aber eben nicht immer nach Mamas Kopf! Das nächste Mal lesen Sie das Fernsehprogramm besser. (r)

Mit Fingerpuppen faszinieren!

Meine Tochter Antonia hat – als sie klein war – beim Frühstück häufig nichts essen wollen. Alles war interessanter als das Essen, und länger als fünf Minuten am Tisch zu sitzen, hielt sie nicht aus. Um sie etwas länger auf dem Stuhl festzuhalten, habe ich zuerst nur mit den Fingern und später mit Fingerpuppen »Räuber und Freund« gespielt (mittlerweile haben wir ein Arsenal an Fingerpuppen, und die Kinder sind aus dem Alter raus): Der Räuber wollte ihr immer die Wurst vom Brot stehlen und der Freund hat Antonia immer rechtzeitig gewarnt. Die Gespräche zwischen den

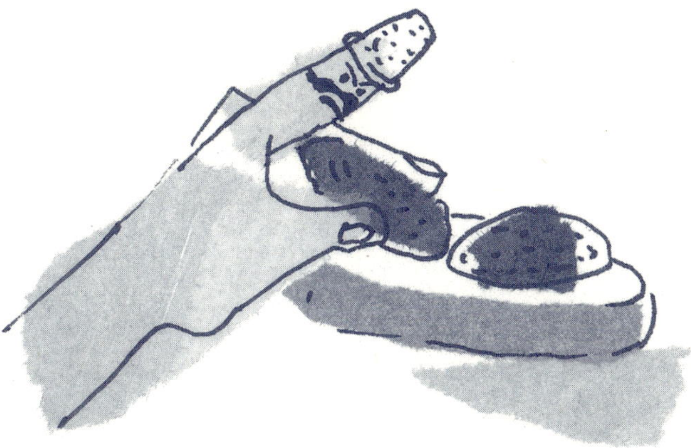

F

beiden und meiner Tochter waren oft sehr lustig – nur schade, dass man so etwas immer vergisst. Jedenfalls saß sie mit »Räuber und Freund« länger am Tisch und ärgerte den Räuber, indem sie ihr Wurstbrot genüsslich vor ihm verspeiste. (r)

Flaschen krachen lassen!

Oh Mann, schon wieder so viel Leergut im Korb drin! Höchste Zeit, ein paar Minuten vor die Tür zu gehen, um den Glasschrott am nächsten Container loszuwerden. Aber nicht ohne Sohnemann! Der hat nämlich einen Heidenspaß daran, die leeren Flaschen in die Container zu schmeißen. Umso lauter es kracht, desto besser. Überhaupt: Der Wertstoffhof ist ein ganz interessanter Platz für Kinder. Es soll Eltern geben, die ihre Kinder noch nie dahin mitgenommen haben. Verstehe ich nicht. (t)

Den Flieger machen!

Bevor er in Vergessenheit gerät, der »Flieger«: Nehmen Sie Ihr Kind nicht nur liebevoll auf den Arm. Nein, geben Sie ab und an Ihren Emotionen ein wenig mehr Raum! Ergreifen Sie die Hände des Kindes und drehen Sie sich wild mit ihm im Kreis – als wären Sie der Drehpunkt eines Karussells. Und wie das mit einem echten Kettenkarussell nun einmal ist: Mal fliegt das, was an den Ketten hängt, von den Fliehkräften getragen, höher, mal weniger hoch. Am besten hören Sie damit auf, bevor Sie Ihrem Kind die Arme auskugeln und Sie selbst im Delirium versinken. Also bitte alles mit Gefühl, Kollegen! (t)

Flimmerkiste umziehen!

Vielleicht geht es Ihnen wie uns: Irgendwann stellen Sie fest, dass Ihr ganzes Wohnzimmer auf das TV-Gerät ausgerichtet ist, wie die fromme Gemeinde auf den Hochaltar. Spätestens dann wird es Zeit, die Glotze vom Podest zu nehmen und ihr einen weniger bevorzugten Platz im Haus zu geben. Uns ist es so gegangen. Die Glotze flog raus (unter Protest unserer Kinder – da muss man durch!), bekam einen neuen Platz in einem unbesesselten Durchgangszimmer zum Flur. Und wir mussten überlegen: Was machen Menschen denn eigentlich in Wohnzimmern ohne TV? Mittlerweile liest man in diesem Zimmer, findet sich zum Teetrinken ein, das Schachspiel steht offen. Und Gäste haben wir neulich auch darin gesehen. Merkwürdig – nicht? (m)

Beim Flohmarkt mitmachen!

Die ollen Fahrräder im Schuppen, die schrabbeligen Skier im Keller, die Bauklötzchenkiste aus der Frühkindphase, die aussortierten Bücher aus Mamas Beständen, das Porzellan mit den fehlenden Teilen – was haben die gemeinsam? Richtig. Sie sind die »Schätze« für unseren nächsten Flohmarkt-Trip! Ich war erst für »Wegschmeißen den Müll!« – »Aber Papa«, belehrten mich meine Kinder, »die machen wir zu Cash!« Anfangs habe ich mich geschämt, so mit unserem asozialen Campingtischchen in ebensolcher Gesellschaft. Die Kids sind da professioneller, verkaufen wie die Weltmeister und bessern ihr Taschengeld auf. (m)

Floß bauen!

Nicht nervös werden. Sie müssen jetzt nicht die Axt auspacken und die ufernahen Bäume fällen. Bauen Sie aus kleinen Ästen ein Spielzeugfloß und lassen Sie eine Playmobil-Figur in See stechen. Ein Tipp: Sollte der See ein Fluss sein, besorgen Sie vorher eine identische Playmobil-Figur. Das Floß verschwindet da nämlich ziemlich sicher auf Nimmerwiedersehen. Inklusive Lieblingsfigur. Da sind Tränen vorprogrammiert. Also mit dem Ablegen Figuren austauschen und später, wenn registriert wird, dass das Floß weg ist und auch sicher nicht mehr wiederkommt, lassen Sie die Lieblings-Playmobil-Figur auftauchen. Denken Sie sich dazu eine plausible Geschichte aus und die Kinderaugen leuchten wieder. (st)

Flughafen besuchen!

Jetzt haben wir schon so oft mit dem Spielzeugflieger gespielt. Der Kunststoff-Hubschrauber ist kaputt. Es wird Zeit, dass wir uns mal die Maschinen in groß anschauen. Aus der Ferne haben wir die Flugzeuge oft am Himmel beobachtet, wie sie weiße Kondensstreifen an den Himmel malen. Natürlich hat nicht jeder einen Großflughafen vor der Tür. Für einen Ausflug genügt auch ein Segelflugplatz. Man kann aber auch einen Ganztagesausflug machen mit Bahnfahrt und Pommes frites im Flughafen. Die Flugplätze sind ja öffentlich gut zu erreichen. Wichtig ist, dass man nah an die Flugzeuge rankommt. In München beispielsweise steht ein ausgedienter Flieger zur Besichtigung bereit. Wer mehr will: Andernorts – etwa in Speyer, Schwenningen, Laatzen – gibt es Luftfahrtmuseen. (t)

Flugzeug brummen lassen!

Wenn Sie ein Fitnessstudio besuchen, um Ihre Armmuskulatur zu trainieren, dann muss das Ganze doch einen höheren Sinn haben – oder? Mein Urgroßvater musste es tun, mein Großvater musste es tun und mein Vater ebenfalls. Ich muss es auch tun. Man geht auf eine Wiese, nimmt zuerst den Arm und dann das Bein des Kindes und los geht's mit Schwung. Das Kind fliegt wie ein Flugzeug über den Rasen, mal hoch, mal höher und landet schließlich sanft auf dem Boden, um dann wieder aufzustehen und zu sagen: »Noch mal Papa!« Wenn Sie es auf einem Kindergeburtstag geschafft haben, alle Kinder fliegen zu lassen und gleichzeitig noch perfekt die Motorengeräusche nachzuahmen, dann sind Sie nicht nur »Papa der Große«

sondern »Superpapa«! Aber Vorsicht: Man sollte Ihr Torkeln nicht falsch interpretieren! (r)

Fördern – undramatisch und kreativ!

Es gibt Eltern, die sehen in ihren Kindern lauter Genies und setzen sie extrem unter Druck. Auf der anderen Seite gibt es Eltern, die interessiert die Begabung ihrer Kinder überhaupt nicht und sie sehen die Förderung ihrer Kinder als Aufgabe der Schule an. Ein Mittelweg ist meiner Meinung nach das Richtige. Wir haben völlig undramatisch Dinge ausprobiert, wie z. B. die Klangstraße am Mainzer Musikkonservatorium, in der man die Eignung der Kinder für bestimmte Instrumente testen kann. Außerdem den Chor, den Tischtennisverein, die Kinderkunstakademie usw. Es hat sich dann herausgestellt, dass Julia sehr gut zeichnen und schreiben kann. Bei Antonia ist es das Klavierspiel und der Gesang. Natürlich haben beide noch andere Neigungen und sind vielschichtiger ausgerichtet, und wir wissen nicht, wie die Dinge sich in Zukunft entwickeln. Aber die bisher entdeckten Fähigkeiten fördern wir so gut wir es können. (r)

F

Foppen!

Sie weihen Ihre Kinder in einen Trick ein – eine böse Fopperei, die Sie mit Mama anstellen wollen: Sie klemmen sich heimlich einen leeren Joghurtbecher unter die Achsel, dann verziehen Sie die Schulter und machen einen leidenden Eindruck. Mama fragt: »Was ist denn mit dir?« Ihre Antwort: »Schulter verrenkt. Bitte helft mir mal einrenken!« Mama und die Kinder sind hilfsbereit und ziehen. Sie drücken Ihren Arm an den Oberkörper, der Plastikbecher knackt mit einem schrecklich hohlen Geräusch – und Mama denkt: Du liebe Güte, jetzt habe ich ihm die Knochen gebrochen! Nur die Kinder – diese unsensiblen Menschen – lachen und johlen! (t/m)

Französisch lernen!

Reisen bildet! Sagte man das nicht früher? Das geht schon mit einem aufgeweckten Vierjährigen. Während Sie durch die französische Provinz tuckern, sollten Sie die Gegenstände, die am Autofenster vorbeigleiten in Französisch benennen: ein maison ist da zu sehen – oder Sie fahren über eine pont – ein vehicule kommt Ihnen entgegen. Langsam wird das dann zu einem kleinen Spiel zwischen dem Kind und Ihnen. Was kommt denn da? Ein maison! – Mais oui ... – sehr gut! Schon sind Sie in Südfrankreich. Und der Kleine hat gar nicht gefragt: »Wann sind wir endlich da?« Zwei Tage später: früher Morgen. Das Wohnmobil am Strand. Unstillbarer Hunger auf Croissants. Und keine Lust zum Aufstehen. Wollte der Kleine nicht unbedingt französisch sprechen. Allons, les enfants ... (st)

»Fresssackspinne« spielen!

Jeder Kindergeburtstag verlangt gute Planung und Aufgabenteilung im Vorfeld und während des Geburtstages. Mein Anteil ist unter anderem, für gute Spiele zu sorgen. Da meine Kinder im Sommer Geburtstag haben, sind wir in der glücklichen Lage, auch im Freien zu feiern. Besonders beliebt ist das Spiel der Fresssackspinne, eine Kombination und Variation von Fangen- und Versteckenspielen. Die Fresssackspinne bin ich und ich bin – wie der Name schon sagt – sehr gierig und hungrig. Mein »Spinnennetz« liegt an einem Baum, den wir vorher festgelegt haben. Ich zähle bis 30 und mache mich dann auf die Suche nach den vielen leckeren Käfern, die in der Umgebung versteckt sind. Habe ich einen Käfer gefunden, muss ich ihn erst fangen und dann zu meinem Netz bringen. Theoretisch kann ich ihn dann fressen, aber der Käfer hat noch die Möglichkeit, mir zu sagen, dass er nur mit Salz, Ketchup, Pfeffer usw. schmeckt. Während ich nach der Zutat suche, befreit sich der Käfer aus dem Netz und flieht schadenfroh lachend vor der Spinne. Wichtig ist aber für die Käfer, sich zu merken, welche Zutat noch nicht genannt wurde, denn eine Zutat zweimal zu nennen geht nicht.

Variationsmöglichkeit: Zwei Käfer besitzen ein Zauberkraut, mit dem sie die anderen Käfer befreien können. (r)

Freunde der Kinder einladen!

Wenn Papa – ruhiger geworden – an die alten Halunken denkt, mit denen er auf der Piste war, kommt ihm das Sprichwort »Sag mir, mit wem du gehst, und ich sage dir, wer du bist!« in den Sinn. Vergebliche Liebesmühe: Sie werden den Umgang Ihrer Kinder genauso wenig steuern können, wie es Ihren Eltern gelang, Ihnen die »passenden Freunde« aufs Auge zu drücken. Das Einzige, was Sie machen können: Sorgen Sie dafür, dass Sie ein offenes Haus führen: Freunde sind immer erwünscht. Es ist Raum für sie da, und sie dürfen auch übernachten. Und dann passt auch der Satz:

»Nein, jetzt gehst du da mal nicht hin; erst sollen deine Freunde einmal zu dir kommen, dann kannst du auch wieder zu ihnen gehen!« (m)

Gehen Sie ins Froschkonzert!

»Papa, warum quaken die Frösche?« Wenn Sie irgendwo einen Teich in der Nähe haben, sollten Sie im Frühjahr die Laichzeit nicht verpassen. Hier kann Ihre Tochter das Froschkonzert aus nächster Nähe erleben, die Laichballen bestaunen und miterleben, wie sich die Kaulquappen zu einem erwachsenen Frosch entwickeln. Und so leicht wie jetzt lassen sich die Frösche nie mehr fangen, denn von der Eiablage sind sie meist stark geschwächt. (l)

F

Früh aufstehen!

Urlaubstage: Machen Sie mit Ihrem Kind einen Geheimplan. Vereinbaren Sie am Abend: »Morgen hole ich dich noch vor Sonnenaufgang aus den Federn. Ich zeig dir den Sonnenaufgang über dem Meer!« Alternativen: Wir steigen auf den Berg. Wir fahren auf den See hinaus. Wir pirschen uns in den Wald. Wir nehmen das Fernrohr, Decken und gehen auf den Hochsitz! Der wichtigste Satz: »Schweig wie ein Grab – Mama darf nichts wissen. Bis zum Frühstück sind wir lange wieder zurück!« (m)

Fußball live erleben!

Das gefällt nicht nur dem Filius, sondern – wenn er erst mal dort ist – auch dem Papa: Fußball in Echtzeit und im Stadion. Auf der Couch kann man zwar die Tore in Zeitlupe sehen, aber das ist letztlich doch nur »Konserve«. Live dabei sein, die Daumen drücken, mitzittern, mitsingen, die Fahne schwenken – das ist es, was Väter, Söhne (und Töchter) miteinander verbindet. (Sch)

G

Gaaaanz tolle Geburtstagsfete!

Auch wenn Sie den gemieteten Zauberer für die Idee schlechthin halten (der Tipp kam schließlich von Ihrem besten Freund): Vorsicht – mit der »gaaaaanz tollen Geburtstagsfete« könnten schlicht Mohrenköpfe, ganz viel Kuchen, Coca-Cola bis zum Abwinken, laute Musik und gaaaaanz viiiiiiiele Freunde gemeint sein. Der Zauberer macht nämlich nur bei Ihnen und Ihrer Frau Eindruck. Die Kleinen begleiten jede Aktion nur mit: »Kenn ich schon!«, »Weiß ich, wie es geht!«, »Das macht mein Papa viel besser!«, und ähnlich aufbauenden Kommentaren. Beim Abholen der Kinder gesteht Ihnen dann Ihr bester Freund noch, dass er und seine Frau auch die Einzigen waren, die sich amüsiert haben.

Also gilt: Sie mieten einen Zauberer (warum sollten Sie sich nicht mal amüsieren dürfen) und besorgen Mohrenköpfe, ganz viel Kuchen, Coca-Cola bis zum Abwinken, laute Musik und gaaaaanz viiiiiiiiele Freunde. (st)

Gartenhaus bauen!

Ein eigenes Häuschen, draußen im Garten? Wenn Sie das hinkriegen – Ihre Kinder werden Sie lieben! Ein richtiges Baumhaus zu bauen wäre natürlich die Krönung, aber das ist gar nicht so einfach (und nicht jeder hat so einen Riesen, der eine Baumhauskonstruktion locker aushält). Machen Sie es einfacher. Kaufen Sie sich beim Baumarkt eine ganz normale Holzhütte für Ihre Gartengeräte, aber erhöhen Sie sie noch um ein weiteres Stockwerk. Das geht recht einfach: Sie müssen nur in den vier Raumecken doppelt so hohe Pfosten einmontieren; dann ziehen Sie eine Zwischendecke ein, verkleiden das zweite Stockwerk mit Brettern (vielleicht nur bis zu halber Höhe, dann haben Sie einen Turm mit Ausguck?) und setzen das Dach dann oben auf. Fertig ist die Laube! (m)

Gartenmarkt entern!

Nach dem Baumarkt ist der Gartenmarkt die absolute Nummer 2 in der Hitliste väterlich-kindlicher Expeditionen ins Abenteuer. Kluge Frauen nehmen ihren Männern vorher die Kreditkarte aus dem Portemonnaie, sonst kommen ihre Lieben nach Stunden des Verschollenseins mit leuchtenden Augen sowie Edelkirsch-Gehölzen, Rasentraktoren, Springbrunnen-Anlagen, Plastikteichwannen und anderen Kleinigkeiten nach Hause. Aber in der Sämereien-Abteilung dürfen sich Papa und die Kinder doch einmal in aller Unschuld austoben – oder? (m)

Gartenschlauch anwenden!

Es war Sommer und die Hitze war in diesem Jahr 2003 an manchen Tagen fast unerträglich. Natürlich hatten wir im Garten ein Schwimmbecken

aufgebaut. Darin zu planschen war schon eine tolle Sache für die Kinder, aber so richtig ausgelassen und verrückt wurde es erst, als ich den Gartenschlauch nahm und sie nass spritzte. Sie haben sich dann einen Spaß daraus gemacht, an mir so schnell vorbeizulaufen, dass ich sie fast nicht mehr treffen konnte. Und da gab es auch keinen Unterschied mehr zwischen großer und kleiner Schwester. (r)

Geburtshelfer spielen!

Es ist ganz klar: Sie sind der wichtigste Mann in der Firma. Wenn Sie nicht im Hause sind, tanzen sprichwörtlich die Mäuse auf den Tischen. Diese hinterhältigen Mitarbeiterinnen und Mitarbeiter warten doch nur darauf, dass Sie mal nicht da sind und dann ... Ohne Sie läuft gar nichts. Niemand bezweifelt das. Wirklich niemand. Trotzdem sollten Sie am Tag seiner, ihrer Geburt alle anderen Termine absagen. Dann werden Sie endlich merken, wo Sie wirklich gebraucht werden. (st)

Gedächtnistraining machen!

Wenn Sie mit Kindern essen gehen, langweilen sie sich oft, bevor das Essen kommt. Jetzt können Sie natürlich zur Freude der anderen Gäste und des Wirtes mit den Kindern um die Tische laufen und Fangen spielen. Dieser körperliche Einsatz wird aber selten honoriert und nicht überall akzeptiert. Besser ist es für solche Fälle, kleine Spiele vorzubereiten, und noch besser ist es, bei der Gelegenheit etwas Sinnvolles zu tun, nämlich das Gedächtnis trainieren. Nehmen Sie ein paar kleine Gegenstände mit wie z. B. ein 1-Cent-Stück, ein Streichholz, Visitenkarten, Schlüssel und Ähnliches. Sie legen dies auf den Tisch und Ihr Kind hat 30 Sekunden Zeit sich alles einzuprägen. Danach wird alles mit der Serviette zugedeckt und das Kind muss aus dem Gedächtnis aufzählen, welche Gegenstände sich darunter befinden. Sie können dabei den Schwierigkeitsgrad langsam steigern. (r)

Geduld trainieren!

Sie kennen die Situation das Kind baut einen Turm und plötzlich kriegt es einen Wutausbruch, die Bauklötze fliegen herum. Irgendetwas hat wieder mal nicht geklappt und Ungeduld lässt nicht lange auf sich warten. In diesem Moment einen guten Ratschlag zu geben ist so sinnvoll, wie bei Tauwetter Schnee ins Gefrierfach zu legen. Um meine Tochter abzulenken, habe ich einen kleinen Ausflug mit ihr in den Mainzer Dom gemacht, und wir haben zusammen das wunderbare Bauwerk bestaunt. Auf meine Frage, womit denn der Dom gebaut worden sei, bekam ich prompt die Antwort: »Mit Steinen, was glaubst Du denn?« Na, ja und dann haben wir weiter über den Dombau geredet, dass viele Leute mithelfen mussten, wie z. B. die Baumeister, die Maurer und viele andere Menschen mehr, und dass es eine lange Zeit gedauert hat. Und wenn etwas lange dauert und besonders großartig werden soll, dann braucht man natürlich Geduld. Die Klötze fliegen dann zwar trotzdem irgendwann wieder, aber nicht mehr so oft. (r)

G

Geisterbahn fahren!

»Papa, was ist Gruseln?« – »Das ist so ein komisches Gefühl, wie wenn dir kaltes Wasser den Rücken hinunterläuft.« – »Versteh ich nicht Papa«, meint Ihre Tochter, »da werde ich doch nur nass.« Wie sollen Sie das nur erklären? Zum Glück ist immer irgendwo ein Jahrmarkt in der Nähe. Also machen Sie sich auf die Socken und fahren Sie mit Ihrer Tochter Geisterbahn ... und gruseln Sie sich gemeinsam bei »John ohne Kopf«, der zahnlosen Hexe und dem einäugigen Piraten. (l)

Geländespiel im Wald veranstalten

Die Regeln sind immer noch dieselben wie in Ihrer Kindheit. Es geht um Verstecken, Suchen, Fangen, Befreien. Was gibt es Herrlicheres, als mit Ihren Kindern herumzutollen und mal richtig auszupowern? Hinterher sind sie platt, alle, fix und fertig und – glücklich. (sch)

Beim Geldverdienen beraten!

Mit den Jahren wachsen bei den Kindern die Ansprüche. Papa schafft sich das Problem gerne vom Hals, indem er hin und wieder ein Extrascheinchen fließen lässt. Bequem, aber nicht unbedingt empfehlenswert! Sie sollten Ihrem Kind besser dabei helfen, kleine Jobs zu finden, mit denen man sich etwas zum maßvollen Taschengeld hinzuverdienen kann. Ein paar Tipps: Rasen mähen, Babysitten, Zeitschriften und Prospekte austeilen, bei der Eisdiele bedienen, Musikunterricht oder Nachhilfe geben, Besorgungen machen für ältere Menschen ... (m)

G

Gemeinsam einschlafen!

Wenn Ihr Kind krank ist und sich mit schönen Worten und Spielsachen nicht trösten lassen will, dann bleibt gar nichts anderes übrig, als mit dem

Kleinen ins Bett zu gehen. Das ist dann halt wichtiger als alles andere. Schnuller und ein paar Finger von Papa in der Hand. Eindämmern, Einschlafen, Schlafen, Aufwachen. Sooft es sein muss in dieser Nacht, es ist sofort jemand da. Niemals war Papa so wertvoll, niemals hat sich Papa so wichtig gefühlt. (t)

Gemeinsam kochen!

Meine älteste Tochter Julia und ich, wir kochen beide gerne, und für uns beide gehören Essen und dessen Zubereitung zu den schönen Seiten des Lebens. Wenn es zeitlich für beide möglich ist, meistens am Wochenende, kochen wir gemein-

sam. Das beginnt mit der gemeinsamen Auswahl des Gerichts und dem Einkauf von frischen Produkten auf dem Markt. Ein schöner Nebeneffekt ist, dass wir uns by the way auch einmal entspannt unterhalten können. Dabei tauschen wir uns stärker aus als bei anderen Gesprächen im größeren Kreis. Den Einkauf schließen wir immer mit einem Cafébesuch ab. In der Küche herrscht genaue Aufgabenteilung und nach dem Mahl sind sich alle etwas näher gekommen. (r)

Gepäck reduzieren!

Die erste Klassenfahrt in der Grundschule: Hier müssen Sie sich einmal als Mann durchsetzen. Zweitkoffer ist nicht! Ein Paar Socken, zwei oder drei Unterhosen, ein T-Shirt, eine Hose und ein Paar Schuhe sind völlig ausreichend. Alle weiteren Kleidungsstücke werden Sie am Ende der Klassenfahrt ohnehin unbenützt auspacken. Bloß stinken die unbenutzten Sachen so penetrant mit, dass Sie am besten gleich alles in die Waschmaschine geben. Machen Sie's knapp! Der Busfahrer wird es Ihnen danken. (st)

Geräusche machen!

Wenn Sie Kinder haben, entdecken Sie Fähigkeiten an sich, von denen Sie sonst nie etwas erfahren hätten. Bei Anstrengung neige ich dazu, die Luft ruckartig durch die geschlossenen Lippen nach außen zu stoßen. Mein kleiner Sohn sah mich eines Tages dabei mit großen Augen an und rief begeistert: »Noch mal!« Mit mindestens einem Ausrufezeichen! Seither bin ich in der Pflicht. Habe derzeit etwa 27 Varianten drauf – vom Gießkannen-Blues bis zur Knödel-Trompete. Passen Sie gut auf, dass Sie keinen Suchteffekt erzeugen! Wenn bei uns wieder mal »Geräusche« dran sind, kann ich mir das Restprogramm für den Abend abschminken. (st)

Geschichten erzählen!

Neben dem Vorlesen ist das Geschichtenerzählen in unserer Familie sehr wichtig. Schon mein Vater hat mir und meinen Geschwistern Geschichten erzählt und ich setze die Tradition fort. Die Kinder können mir dabei die Figuren vorgeben und ich entwickle dann aus ihnen Geschichten. Wird z. B. eine Maus, ein Hase, ein Fuchs, ein Kater und ein Elefant genannt, so kann man daraus eine wunderbare Geschichte mit Verfolgung, Jagd und Rettung entwickeln. (r)

Gesund leben!

Was Sie nötig brauchen, während Ihre Kinder größer werden, ist eine robuste Gesundheit. Sie glauben gar nicht, wie viele Kinderkrankheiten es gibt, und vor allem, welche Ihre Kinder mit nach Hause bringen. Wenn Sie nicht bereits über eine hervorragende Konstitution verfügen sollten, fangen Sie sofort damit an, Widerstandskräfte aufzubauen. Treiben Sie Sport! Halten Sie sich viel an der frischen Luft auf! Nehmen Sie Obst und Gemüse zu sich! Seien Sie glücklich, sonst liegen Sie die nächsten fünf bis sechs Jahre öfter danieder, als Ihnen das lieb ist. (st)

Gießkanne schenken!

Hat Ihr Kind noch keine Gießkanne? Dann wird es höchste Zeit. Denn die einfachsten Spielsachen sind oft die sinnvollsten und schönsten. Was kann man nicht alles damit machen? Man kann Wasser in ein Loch transportieren und hat die herrlichste Schlammpfütze. Man kann sich im Sommer gegenseitige Nasskühlung verschaffen. Man kann spritzen und schlabbern nach Herzenslust. Und natürlich kann man auch ganz normal Pflanzen damit begießen – wie Papa. Sobald Ihr Kind laufen kann, sollten Sie es bei Ihren turnusmäßigen

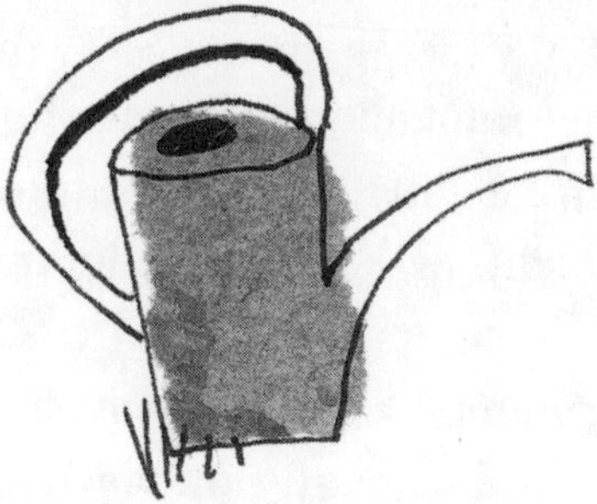

Einsätzen teilhaben lassen. Draußen auf dem Balkon oder im Garten kann man ohne Rücksicht auf Verluste herumplätschern. Das Kind spürt bald, dass es die Pflanzen mögen, wenn man ihnen Wasser schenkt. »Dann wächst es!«, wissen die Kinder. Es macht ihnen großes Vergnügen, durch Gießen am Wachsen der Pflanzen aktiv beteiligt zu sein. Schon das Mitanfassen an Papas großer Gießkanne und das Mitgießen machen viel Spaß. (t)

G

Gitarre ausprobieren

Bevor Sie jetzt der Ehrgeiz packt und Sie sofort beginnen, Ihrem Nachwuchs mal zu zeigen, wie meisterhaft Sie ein solch schwieriges Instrument im Griff haben: es genügt, die alte E-Gitarre und den Kofferverstärker aus dem Keller zu holen, die Anschlüsse herzustellen und mal zu hören, wie ein Dreijähriger Töne interpretiert. Lassen Sie ihn auch mal zupfen! Später dürfen Sie dann zeigen, mit welchen Schmachtfetzen Sie in Ihrer Jugend die holde Weiblichkeit von Ihren Fähigkeiten als zukünftiger Liebhaber überzeugt haben. (st)

Im Gras toben!

Glücklicherweise gibt es jetzt wieder Grünflächen ohne »Tretminen«. Um der Gefahr noch weiter aus dem Weg zu gehen, fahren wir aufs Land raus. Kuhfladen sind doch was Schönes. Die sind so groß, dass man ihnen aus dem Weg gehen kann. Wir wollen uns nämlich im Gras wälzen. Wir kugeln und rollen uns durch das duftige Gras. Wir riechen dran – und an der guten Erde. Und dann packen wir den Picknickkorb aus und machen eine deftige Brotzeit – im frischen, schönen Gras! (t)

Grießbrei kochen!

Nachdem Sie Sand-Kuchen, Plastilin-Nudeln und Holz-Fischstäbchen probiert haben, bieten Sie doch mal an, zusammen Grießbrei zu kochen. Dazu benötigen Sie: 1 Liter Milch, 1 Prise Salz, ½ Zitronenschale oder 1 Stückchen Stangenzimt. Zum Binden 60 g Stärkemehl, 80–100 g Grieß und Zucker nach Geschmack. Zum Verbessern 20 g frische Butter und eventuell 1–2 Eier. Angerichtet wird dann mit Zimt und Zucker oder Schokoladenstreuseln. Als Erstes stellen Sie die Milch mit Salz und der Zitrone (fein gerieben) zum Kochen auf. Dann das Mehl mit wenig zurückbehaltener kalter Milch glatt rühren, in die kochende Milch einrühren und unter andauerndem Rühren bei schwacher Hitze gar kochen. Den Gries streuen Sie unter ständigem Rühren trocken in die kochende Milch ein. Das Ganze einmal aufkochen lassen, anschließend 5–10 Minuten köcheln lassen. Abschließend den Brei mit Zucker abschmecken und mit frischer Butter und dem Eigelb verfeinern. Angerichtet streuen Sie Zucker mit Zimt oder Schokostreusel darüber. Für den Feinschmecker: Es gibt Griesbrei auch fertig zu kaufen. Die Anleitung ist auf der Rückseite der Verpackung in der Regel übersichtlich und klar aufgedruckt. (st)

Griffel fallen lassen!

Arbeiten Sie nicht immer bis in die Puppen, weder Ihr Chef dankt es Ihnen noch Ihre Familie. Sonst heißt es irgendwann mal: Mama, wer ist eigentlich der Onkel, der uns immer nachts besucht. Überraschen Sie die Kinder mit einem unangekündigten freien Nachmittag, und laden Sie alle in den Eissalon ein. (sch)

Gummibärchen-Spiel machen!

Das Gummibärchen-Spiel sorgt immer wieder für gute Unterhaltung. Außerdem zeigt es, ob Sie noch genügend Selbstdistanz haben, um über sich lachen zu können. Befeuchten Sie das Gummibärchen auf dem Rücken. Kleben Sie sich Gummibärchen auf die Nase, auf die Stirn und auf die Backen. Mit dem Kopf wackeln, brummen wie ein Bär und sich die Gummibärchen abzupfen lassen. Das Spiel kann dann umgedreht werden. Bei interfamiliär grassierender Erkältungswelle evtl. verschieben. Und auch nicht unbedingt unmittelbar vor den Mahlzeiten spielen. Sonst wundert sich die Mama der Kinder, warum ihre köstlichen Gerichte heute aber auch so gar keinen Anklang finden. (t)

Gummientchen mobilisieren!

Hauptsache, Mann macht mit. Was kann man in der Planschewelt doch für tolle Sachen inszenieren – und braucht nicht viel mehr dazu als Shampoo und Badezusatz! Vielleicht noch ein Plastikentchen. Die Zahnputzbecher nicht zu vergessen. Da fällt mir noch ein: Hilfreich ist ja auch mein Spritzpistolensortiment, das ich auf verschiedenen Kirmesbesuchen erworben habe! Jetzt wird's nass!

Aber es geht auch ruhiger: Wussten Sie schon, dass die Badewanne der Ozean ist, auf dem man Schiffe nach Amerika fahren lassen kann? Wieder mal den Mini-Delphin aus der Wanne gefischt? Getrocknet und gekuschelt? Okay, dann fehlt noch das notwendige »finishing«. Die Haare sind noch ganz zottelig. Ungut. Als erstes wird mal Papa durchgekämmt (der hat vielleicht nicht mehr ganz so viele Haare). Dann wird Sohnemann gekämmt. Die Badezimmertür geht auf – und Mama hat zwei geschniegelte und geputzte Strahlemänner! Wenn sie trotzdem böse schaut, könnte es daran liegen, dass der Badezimmerboden »schwimmt«! (t)

Gute Nacht sagen!

Das sind nicht nur zwei Wörter und man sollte sich auf jeden Fall Zeit dafür nehmen. Häufig erfährt man noch kurz vor dem Einschlafen, was das Kind am Tag besonders erfreut oder bedrückt hat. Zum Beispiel war die Schlittenfahrt besonders schön, oder Tim hat es ohne Grund vor das Schienbein getreten. Kinder erzählen das im letzten Moment des Tages, um danach beruhigter einzuschlafen. Tipp: Es schadet nicht, auch den Kuscheltieren »gute Nacht« zu sagen. (r)

Gute-Nacht-Gebet sprechen!

Angenommen, Sie sind religiös. Aber das Gute-Nacht-Gebet mit den Kindern überlassen Sie dann doch der Frau, stimmt's? Sie finden es irgendwie unmännlich, vielleicht ein bisschen unpassend für Ihren Typ. Springen Sie aus dem Klischee heraus, lautes Beten sei nur etwas für Frauen und Kinder! Kinder finden es sogar cool, wenn sie sehen: Papa hat auch einen Draht nach oben; Papa tut es auch. In jedem besseren Buchladen gibt es heute gute Literatur zum Thema »Beten mit Kindern«. Da sind auch nüchterne Gebete drin, die vorzulesen ein Mann sich nicht zu schämen braucht. (m)

H

Häuser bauen!

Kinder lieben es, von der Zukunft zu träumen. Sagen Sie: »Stellt euch mal vor, wir hätten bei Günther Jauch 1 Million Euro gewonnen. Was würden wir uns dann für ein Haus bauen?« Malen Sie mit Ihren Kindern maßstabgetreue Grundrisse auf, dis-

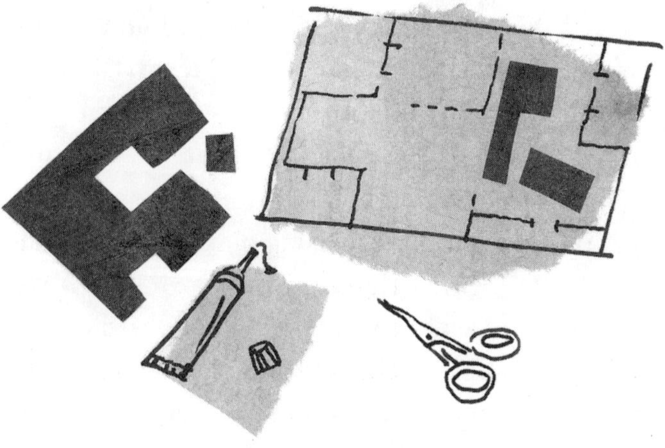

kutieren Sie, ob es so oder anders praktisch wäre, schnippeln Sie bunte Platzhalter für Möbel aus, die man auf dem Papier hin und her rücken kann. Für fortgeschrittene Träumer empfiehlt sich die Software »3-D-Wohnungsplaner 5.0«. Ehe ich es vergesse: Melden Sie sich bei Günther Jauch an. (m)

Einfach nur ins Hallenbad!

Was tun an diesem verregneten Tag? Irgendwie fehlt noch die körperliche Anstrengung. Papa, pack die Badehose ein! Im Hallenschwimmbad ist immer was los. Jede Menge Spielkameraden, jede Menge Spielmöglichkeiten und Attraktionen. Vielleicht gibt es eine Rutschbahn oder ein Warmwasserbecken im Freien. Achtung, überfordern Sie Ihr Kind nicht. Für einen Zweieinhalbjährigen ist das so anstrengend, dass eine Stunde genügt. (t)

H

Hämmern!

Wenn Sie zufällig einen Holzklotz haben – und zufällig auch größere und kleinere Nägel – und zufällig auch einen Hammer – und zufällig auch ein bisschen Geld zu viel, dann »nageln« Sie mal mit Ihren Kindern. Zeigen Sie ihnen, wie man den Hammer anpackt (weit hinten, damit er schwin-

gen kann), wie man den Nagel ansetzt, leicht anklopft, die Finger zurückzieht und dann den Stift kraftvoll ins Holz treibt. Dann können Sie noch einen kleinen Wettbewerb machen, wer wie viele Schläge braucht, um den Nagel voll ins Holz zu schlagen. Und dann sehen Sie Ihre Kinder erst wieder, wenn Sie das vorsorglich von Ihnen bereitgelegte Pflaster aufbringen müssen. (m)

H

Hamster auf Zeit

Natürlich möchte auch Ihr Kind dringend und sofort einen Hamster. Reitpferd, Wasserschildkröte und Gelbstirnamazonas haben Sie mit viel Raffinesse abwehren können – der Hamster aber muss sein. Als toller Vater gehen Sie nun aber nicht schnurstracks in die nächste Zoohandlung, um schlechtestenfalls wenige Wochen später mit Käfig und Hamster unterm Arm erneut in der Ladentür zu stehen. Nein, als toller Vater fragen Sie erst einmal im Büro herum, wer denn so alles demnächst in den Urlaub fährt und für den heimischen Hamster dringend Pflegeeltern sucht. Und so stehen Sie dann eines Abends – egal, ob Geburtstag oder nicht – mit dem Hamster in der Hand in der Tür und – sind der tollste Vater von der Welt! (k)

Hänseln abschaffen!

Wenn ich eines hasse, dann ist es das Hänseln anderer. Meistens findet es ja aufgrund von Gebrechen oder Vorurteilen statt, und mir ist und war es wichtig, meinen Kindern hier ein klares »Nein danke« zu vermitteln. Das fängt bei mir an und schließt die bewusste Entscheidung für einen sensiblen Sprachgebrauch mit ein. Die Verwendung des Begriffes »Gutmensch« in pejorativer Absicht ist für mich z. B. eine sprachliche Verrohung und eine Form von Hänselei, mit der meistens die eigene Heuchelei und Untätigkeit versteckt werden sollen. (r)

Hand in Hand arbeiten!

Kinderarbeit – ich bin dafür! Nicht in Indien. Aber hier bei uns, wenn es in Maßen geschieht. Ich finde es schrecklich, wenn Eltern ihren Kindern alles abnehmen, wie ein »Hotelservice« um ihre verwöhnten Kids herumtanzen und ihnen jeden Handgriff abnehmen. Kleines Beispiel: Die Geschirrspülmaschine ist fertig. Es stellt sich nun die Frage, wer räumt aus? Geben Sie Ihrem Kleinkind eine Chance, Geschicklichkeit zu üben, Selbstvertrauen zu gewinnen, sich mit den täglichen Hausarbeiten anzufreunden. Man muss es nur langsam machen. Übergabe Kinderhand in Männerhand langsam und bedacht. Funktioniert zu 99 Prozent, weil der Kleine alles gut festhält. Kein großer Akt: das Geschirr herausholen aus der Maschine, es in Augenhöhe hinreichen – aber es verbindet. Nervenkitzel ist nur bei teurem Porzellan und Gläsern angesagt – nichts für schwache Nerven. Die sollte man ohnehin nicht haben, wenn man sich Kinder anschafft. Und mir ist ein zerbrochenes Glas allemal lieber als zerbrochene Beziehungen oder Beziehungen zwischen Eltern und Kindern, die gar nicht erst entstehen können, weil man den Kindern alles abnimmt und ihnen nichts zutraut. (t)

Handy schenken!

Wenn Papa mit seinem Handy herumfuchtelt und dieses so schön vor sich hin piept, weckt das natürlich Begehrlichkeiten. Kaufen Sie Ihrem kleinen Technikfreak ein Kinderhandy mit Leuchtdioden und Stimme drin. Rufen Sie ruhig öfter mal bei Ihrem Kind an. Man kann dann wunderbare Gespräche miteinander führen. Legen Sie Ihr Handy aber immer kindersicher ab. Die Verwechslungsgefahr ist groß und ungewollte Anrufe nach Japan etc. können ganz schön ins Geld gehen. (t)

Hart bleiben!

Eine Erfahrung sagt mir, lassen Sie sich nicht weich kochen mit derartigen Argumenten wie: »Aber die Freundin XY darf das auch, macht das auch.« Zu oft habe ich erlebt, dass eine kurze Rückfrage bei der Familie, in der Kinder scheinbar alles dürfen, ganz andere Ergebnisse zeitigte, als ich zunächst dachte: »Wie – ich dachte Ihr Kind dürfte das?!« Ein Fall von »Über-die-Bande-Spielen«. Wichtig sind Konsequenz und eine klare Überzeugung auch da, wo Sie wirklich allein mit Ihrer Praxis stehen. Machen Sie Ihrem Kind klar, warum es bei Ihnen anders läuft als bei Familie XY, wo die Kids halt alles dürfen. (sch)

Hauchbilder malen!

Wenn es draußen schon einigermaßen kalt ist, kann man gute Hauchbilder malen. Einfach die nächste Fensterscheibe anhauchen – und mit dem Finger Muster in die Kondensfläche malen. Besser geht es im Badezimmer, wenn die Scheiben von der Planschorgie oder vom Duschen noch beschlagen sind. Die Hauchbilder bleiben zwar nur Sekunden, aber genau das Verschwinden scheint einen besonderen Reiz zu haben. Hinterher müssen Sie halt die Fenster putzen. (t)

Haustier anschaffen!

Haben Sie noch kein Haustier? Natürlich lässt sich das nicht immer verwirklichen – eine Garage wird nie ein Pferdestall, und Hasen auf dem Hochhausbalkon sind auch nicht unbedingt das Wahre. Denken Sie nicht unbedingt gleich an was »Großes« wie einen Hund oder eine Katze, Vögel etc. Ein Aquarium mit Guppys tut es auch. Wichtig ist, dass gefüttert werden muss und dass die Tiere sichtbar sind. Schon bei Erreichen der »Sprachgrenze« werden Sie dezent darauf hingewiesen, dass »Füttern« angesagt ist. Es müssen seine Tiere sein, für die er alleine verantwortlich ist. (t)

Helfen – aber sofort!

Egal, was Sie gerade tun – mit »Hilf mir, Papa!« enden für Sie sämtliche anderen Tätigkeiten. Auf der Stelle. Sofort. Es gibt nichts Wichtigeres für Sie. Wenn Sie nicht riskieren wollen, Ihren Ruf als »bester Papa auf der Welt« auf der Stelle und unwiederbringlich zu verlieren, sollten Sie ihm jetzt unbedingt seinen Schnuller suchen helfen, auch wenn der direkt hinter ihm liegt. Sagen Sie jetzt bloß nicht: »Da liegt er doch.« Oder noch schlimmer: »So ein großer Junge braucht doch keinen Schnuller mehr.« Sagen Sie einfach: »Wie heißt das Zauberwort?« – »Bitte« – »Ja richtig!« (st)

Helfen lassen!

Kinder haben an vielen Dingen Spaß und hassen nichts mehr als den Satz: »Dafür bist du noch zu klein«. Wenn wir im Sommer grillen, ist das immer ein Ereignis, und die Kinder helfen gerne mit. Wir fahren zusammen einkaufen, holen die Holzkohle und schütten sie zusammen in den Grill. Natürlich muss man mit Feuer vorsichtig sein. Aber es gibt ja neben dem Anzünden noch viele andere Aufgaben wie, mit dem Blasebalg das Feuer anfachen, das Fleisch wenden usw. Dasselbe gilt für Gartenarbeiten: Unsere Kinder pflanzen gerne etwas an, und man musste ihnen, als sie klein waren, nur eine Schaufel in die Hand drücken. Das Dabeisein und Helfenkönnen macht ihnen viel Spaß. (r)

Heu unters Mikro!

Vielleicht haben Sie irgendwo noch ein altes Schulmikroskop herumstehen? Dann machen Sie doch mit Ihrem Kind mal einen Heuaufguss. Heu gibt's beim Bauern und Wasser aus dem Wasserhahn. Es müssen ja nicht immer die Weiten des Weltraums sein, auch der Mikrokosmos um uns herum bietet fantastische Dinge, und das Kind wird stundenlang die winzigen Tierchen und Algen bestaunen. (l)

Heuspeicher besetzen!

Wenn Sie schon mal da sind, wo die Kuhglocken läuten (sagen wir: im Allgäu, im Chiemgau, im Salzkammergut), und wenn Sie nicht zufällig an Heuschnupfen leiden: Nutzen Sie die letzte Generation der Heuspeicher. Nehmen Sie Ihre Kinder und eine entsprechende Anzahl Schlafsäcke und übernachten Sie im duftenden Heu, am besten im wackligen alten Heuschober draußen auf dem Feld. Während die Grillen zirpen, werden Ihre Kids sich an Sie kuscheln und Ihren wilden Erzählungen aus noch wilderen Tagen lauschen, bis sie sich seligen Träumen überlassen. (m)

Hexennacht spielen!

Einmal im Jahr gibt es in Mainz und seinen Stadtteilen die Hexennacht, im Süden kennt man die Freinächte, in der die Kinder herumziehen und vielen Leuten Streiche spielen. Pflicht ist es für die Väter, Rasierschaum und Toilettenpapier zur Verfügung zu stellen und sich nicht zu ärgern, wenn der Briefkasten mit Rasierschaum beschriftet oder mit Toilettenpapier eingerollt ist. Noch besser ist es aber, mit den Kindern loszuziehen und selbst ein paar Streiche auszuhecken. (r)

Hochbeet konstruieren!

So ein richtiges Hochbeet ist eine famose Sache für das total professionelle Vater-Sohn-Do-it-yourself-Team. Bei uns steht eines im Garten: 9 m lang, 80 cm hoch und 60 cm tief. Alles fing damit an, dass meine Frau Rückenschmerzen hatte. »Dann machen wir eben ein Hochbeet!«, beschlossen mein Sohn und ich. Wir besorgten uns im Sägewerk Pfosten und imprägniertes Holz, beim Baumarkt engmaschigen Draht für den Boden (damit die Wühlmäuse nicht von unten kommen können) –

und es ging los. In einem Arbeitstag hatten wir das Ding hochgezogen. Noch einmal einen Tag brauchten wir zum Befüllen mit Zweigen, Stroh, Kompost und Gartenerde als oberste Schicht. Seitdem haben wir ein Beet im Garten, das vor Erträgen nur so platzt ... (m)

Höhle im Kinderzimmer bauen!

Auch wenn Sie sich als einziger Papa nicht bei jenem bekannten schwedischen Möbelhaus mit der flexiblen Röhre und einem Kinderzelt eingedeckt haben, können Sie eine lustige Höhle bauen. Ent-

weder werfen Sie über das Gitterbett eine große Decke, nehmen zwei oder drei Gitterstäbe für den Eingang heraus oder Sie hängen rings um den Esstisch Tischdecken und schon ist der schönste Platz der Erde eingerichtet. Und wenn Sie die innere Größe besitzen, mal über Krümel im Bett hinwegsehen zu können, stellen Sie einen Teller Kekse in die Höhle; als »Wintervorrat«. (st)

Homedisco veranstalten!

Liegt es im Blut oder ist es eine ureigene Gabe? Kinder lieben Tanzen und Hüpfen nach Musik. Und vielleicht fällt es Ihnen auch leichter, aus sich herauszugehen, wenn der kleine Star mit Ihnen tanzt. Ein wenig Bewegung kann nicht schaden. Machen Sie Ihr Wohnzimmer einfach mal zur Homedisco! Sofa auf die Seite, Tisch in den Flur, Teppich zusammenrollen und Anlage aufdrehen! Schon geht der Spaß los. Ausgelassen tanzen wir wie im Freak-Schuppen von anno dazumal. Ohne Drogen und ohne Alkohol. Sie haben eine Wohlfühlgarantie und Ihre Kinder haben den Spaß, Papa mal ohne Krawatte und völlig ausgelassen zu erleben – als »Normalo« gewissermaßen. Halt – da fällt mir noch ein: Machen Sie es gleich, warten Sie nicht, bis Ihre Kinder in dem Alter sind, wo sie alles »peinlich« finden – und einen tanzenden Papa gar oberpeinlich. Also: Tanzen Sie los! Flippen Sie aber nicht komplett aus. Und warnen Sie Ihre Nachbarn rechtzeitig ... (t)

Hühnerleiter machen!

Wissen Sie noch, wie es geht? Sie verschränken die Hände und drehen die Handflächen nach innen. Wenn Ihr Kind auf die Mauer oder den Baum will, sollten Sie nicht den Warner und Mahner spielen, sondern aktive Hilfestellung für kalkulierbare Abenteuer leisten. Das scheint mir überhaupt wichtig zu sein – auch im übertragenen Sinn. Machen Sie dem Kind keine Angst vor der Welt, selbst wenn es bei Kletterpartien einmal auf die Nase fällt! Was ist schöner, als Ihrem Kind den liebenden, schützenden und stützenden Arm zu reichen, wenn es auf dem Sprung zu neuen Zielen ist. Wichtig ist, rechtzeitig zu erkennen, wann Sie loslassen müssen, damit Ihr Kind selbstständig wird. (sch)

Humor beweisen!

Gehen Sie nicht alles so verbissen an. Ihre Kinder schätzen es, wenn Sie zu Ihren Marotten stehen und sich auch mal selbst auf den Arm nehmen.

Ärgern Sie sich nicht den ganzen Tag, wenn Ihr Jüngster sein Fahrrad ans nagelneue Auto gelehnt hat und natürlich den ersten Lackkratzer hinterlässt. Schmunzeln Sie drüber und gestehen Sie sich ein, dass Sie ja nur zu faul waren, den Wagen in die Garage zu fahren. Außerdem kommen garantiert bald noch andere Macken dran. (sch)

Hupen!

Neben dem Vergnügen, im Auto ziellos durch die Stadt zu fahren, gibt es nur eins, das mehr Spaß macht: Hupen. Nicht nur Ihnen. Endlich haben Sie jemanden, dem es ebenfalls höllisches Vergnügen bereitet, wenn Sie auf die Hupe drücken. Ihr kleiner Sohn liebt es, wenn Sie Ihre Mitwelt wieder einmal akustisch auf Ihre Existenz aufmerksam machen. Vergessen Sie es gleich wieder. Schaffen Sie sich statt einer Fanfare lieber Sonnenrollos für die hinteren Seitenfenster an. (st)

Hütte im Wald errichten!

Was sich die Leute von der staatlichen Forstverwaltung gedacht haben, als sie am Rand einer kleinen Waldlichtung unsere Hütte entdeckten? Richtig ärgern konnten sie sich nicht – sie bestand nur aus herumliegenden Stecken, die Verbindungen aus »Wurstkordel«, die Seitenwände und das Dach aus eingeflochtenem Farn. Sogar ein richtiges Fenster hatte unsere Hütte. Regendicht wäre sie nicht gewesen. Einen wunderschönen Ferientag lang machte sie Papa und den Kiddies Spaß ... Und als dann Mama noch mit dem Kuchen kam, wurde es ein richtiges Fest. (m)

Hüttenwanderung machen!

Wenn Ihr Sohn schon größer ist und sich sonst wenig gemeinsame Zeit finden will, versuchen Sie es doch mal mit einer gemeinsamen Berg- und Hüttentour. Ich bin mit meinem damals 16-jährigen Sohn im Spätherbst eine knappe Woche durch die einsamen Gipfel des Großvenedigers gestiegen. Leider war der junge Dachs immer ein-, zweihundert Meter höher als ich. Spätestens zur Einkehr auf der Berghütte war er dann doch ganz froh, als der Papa und das gefüllte Portemonnaie eintrafen. Heute, zwei, drei Jahre später, behauptet er immer noch, dass es eine seiner schönsten Bergtouren war. (sch)

H

Iglu bauen!

Geht leider echt nur im Winter. Bauen Sie einen wirklich großen Iglu! Häufen Sie dabei so viel Schnee auf, wie Sie zusammentragen können. Ignorieren Sie etwa auftretende Rückenschmerzen. Beachten Sie Schweißausbrüche nicht weiter. Lassen Sie sich durch Aufmunterungen wie »höher!« und »mehr!« nur anspornen. Nehmen Sie es nicht persönlich. Nach der kollektiven Aufhäufaktion können Sie dann gemeinsam mit Ihrem Kind den Schneehügel innen aushöhlen und sich an dem fröhlichen Kinderlachen, das bald aus dem Schneehaus nach außen dringt, wieder aufrichten. Für die Romantik können Sie abends noch eine brennende Kerze hineinstellen. (st)

Indianer spielen!

Der »Indianer« ist nicht nur an Karneval angesagt. Schminken und Maskieren macht einen Heidenspaß, aber es ist so eine Domäne der Mamas. Das sollten wir doch auch hinkriegen. Wie ein richtiger Indianer aussieht, das weiß schließlich nur Papa, der Oberindianer. Und wenn er sich selbst nicht fein raushält, sondern sich auch gleich indianermäßig herrichtet und richtig mitmacht, ist er der beste Papa der Welt. Mama kann ja ruhig ein bisschen dabei helfen. (t)

Innenarchitekt spielen!

Manchmal ist es ein kleiner Liebesdienst, der Sie zum Besten aller Väter macht. Ihre Tochter findet ihr Zimmer etwas langweilig. Die gemeinsame Fahrt zum Baumarkt, der Eimer Farbe, Pinsel, Rolle, Abdeckfolie, die eingekauft werden, und der Samstagnachmittag, den Sie für die Tochter reserviert haben, um mit ihr die Wände anzustreichen, werden zum unvergesslichen Erlebnis. (sch)

J

Jäger spielen!

Sie sollten mit Ihrem Sohn in den Wald gehen und Jäger spielen. Die Tiere im Wald kennt Ihr Kind ja aus den Bilderbüchern. Wir gehen ganz vorsichtig, um möglichst wenig Krach zu machen. Papa macht vor, wie man darauf achtet, keine Geräusche zu machen. Wir flüstern uns zu, dass wir vielleicht ein Reh oder einen Hasen treffen könnten. Papa deutet die Spuren der Tiere (hoffentlich sind welche da). So kriechen wir durch das Unterholz. Vielleicht sehen wir ja wirklich was. Dass der Jäger bisweilen auf die Tiere schießt, lassen wir erst mal aus. Wir wollen ja nur die Instinkte wecken, den Tieren hinterher zu schleichen. Noch ein paar Ratschläge: Gehen Sie nicht zur Jagdzeit. Gehen Sie nicht nachts (obwohl das für ältere Kinder seinen Reiz hat). Betreten Sie nicht »Ruheräume« und Wildgatter. Sie könnten als Gore-Tex-Trophäe enden. (t)

»Japanisch« reden!

Was Kindern unheimlich viel Spaß macht, sind Quatschsprachen, bei denen es nur auf die Lautmelodie und die Mimik ankommt. Man kann die wunderbarsten Streitgespräche führen, bei denen man lautmalerisch zwischen den Schnurren einer Katze und dem Knurren eines Hundes wechselt. Bei uns ist eine der Quatschsprachen Japanisch, nicht das reale Japanisch, sondern ein nach unseren Vorstellungen japanisch klingendes Lautgemisch. Angefangen hat alles damit, dass ich Julia und Antonia mit der Bemerkung zum Essen rief, sie sollten sich beeilen, schließlich sei der japa-

nische Botschafter auch schon da. Als sie dann am Tisch nach dem japanischen Botschafter fragten, bin ich in dessen Rolle geschlüpft, habe sie auf »Quatschjapanisch« begrüßt und ihnen einen guten Appetit gewünscht. Seitdem ist der japanische Botschafter festes Repertoire. (r)

Joggen mit Kindern!

Klar sind Sie schneller als das Kind, vielleicht ja auch nicht. Klar »plappert« der Kleine ohne Ende. Oder er will nach der halben Strecke nach Hause. Oder, oder, oder. Probieren Sie es trotzdem mal. Laden Sie Ihr Kind ein, mit Ihnen zu Joggen. Es gibt Ihnen beiden ein gutes Gefühl, wenn Sie müde, verschwitzt und hungrig auf die Klingel hauen und Mama die Tür öffnet: »Na, Ihr beiden Helden ...?« (m)

K

Käferhäuschen bauen!

Im Grunde genommen ist an Ihnen ein großer Architekt verloren gegangen. Zeit, sich Ihres Talents erneut zu besinnen und es unter Beweis zu stellen. Um Ihren Kindern dabei Ansporn und Vorbild zu sein, bedarf es nur geringer Mittel. Ausreichend sind ein sandiger Waldboden, abgestorbene Äste, Moosrinde und allerlei Flechtzeug. Und schon geht's los: Weisen Sie ein möglichst hügeliges, etwa ein auf ein Meter großes Areal als Baugrund aus, zäunen Sie Parzellen ab und errichten Sie dann gemeinsam mit Ihren Kindern Einzelbungalows, Reihenhausanlagen, kleine Einkaufszentren. Je nach Neigung können Sie im Kollektiv arbeiten oder Einzelaufgaben delegieren – vom Rohbau über die Innenausstattung bis hin zur Dorfbegrünung. Vergessen Sie das Richtfest nicht und denken Sie daran, dass Reparaturdienste anfallen, sobald die ausgesetzten Käfer und Insekten erst einmal eingezogen sind. Solche Spiele in freier Natur fördern Fantasie und Kreativität. (k)

Kahn fahren!

Finden Sie heraus, wo Sie mit den Kindern mal Kahn fahren könnten – auf einem See, einem Teich, einem Kanal, einem Fluss in der Nähe! Das macht einen Heidenspaß. Mal legt sich Papa in die Riemen, dass der Kahn nur so durch die Wellen zischt. Dann steigen die Kiddies auf die Ruderbank (Vorsicht Kentergefahr!) und erproben ihre Kraft und Navigationstechnik. Und wenn es dann noch auf eine Insel geht, »die keines Menschen Fuß je betrat«, ist das Abenteuer perfekt! (m)

Kanuwandern!

Nichts finden Kids öder, als mit Mama und Papa spazieren gehen zu sollen. Erinnern Sie sich zurück: Ihnen ging's doch genauso. Also ein Königreich für eine gute Idee. Wie wäre es mit Kanuwandern? Der Aufwand ist nicht so hoch, wie Sie sich denken, aber man braucht etwas Planung. An vielen deutschen Flüssen kann man im Sommer, wie z. B. an der Altmühl, Kanus ausleihen. Stellen Sie sich die Bootspartie mit einigen hübschen Unterbrechungen vor, wo immer es Ihnen gut gefällt. Picknick machen, in einen Biergarten einkehren. Ein solcher Ausflug gefällt jung und alt und bleibt in Erinnerung. (sch)

Karneval feiern!

Ihre Kinder werden sich später vielleicht nicht daran erinnern, dass Sie im Jahr 2005 umgezogen sind oder zum Abteilungsleiter befördert wurden, aber sie werden sich mit Sicherheit daran erinnern, dass dies das Jahr war, in dem Sie sich an Karneval in »Biene Maja« verwandelten – oder in Django, oder in Chinaman, oder in eine Bluesbrother-Kopie. Haben Sie hin und wieder den Mut zum Humor und zur Selbstdistanz! Klar kann sich Papa nicht zum Hampelmann machen. Aber einmal im Jahr sollten Sie alle Rollen sprengen und Spaß daran haben, wenn sich Ihre Kinder über Sie kaputtlachen. (m)

Karnevalsumzug besuchen!

In Mainz, und hier leben wir, hat man viele Möglichkeiten, auf Umzüge zu gehen. Mindestens einen sollte man vor allem mit kleineren Kindern besuchen. Als Erstes macht das Verkleiden Spaß – und hier meine ich nicht ein Herzchen auf der Backe und ein Hütchen auf dem Kopf, da sind die meisten Mainzer wesentlich phantasievoller. Also es muss schon eine richtige Verkleidung sein. Umso mehr Freude bereitet es auch den Kindern. Auf keinen Fall darf man eine Tasche für all die Sachen vergessen, die beim Umzug in die Menge geschmissen werden (für Kinder ist der Umzug des Mainzer Vororts Drais sehr ergiebig). Die Hauptaufgabe für Papa ist aber, so viel wie möglich zu fangen und aufzuheben, damit es sich für die Kinder auch wirklich gelohnt hat. (r/t)

Karten spielen!

Lassen Sie ruhig mal am traditionellen TV-Abend nächsten Samstag die Glotze aus: Wann haben Sie das letzte Mal mit Ihren Kindern Karten gespielt? Mau-Mau, 66, »Lügen« – das sind Kartenspiele, die schon die Kleinsten können. Die Frage ist bloß, ob Papa sie noch kann. Unter www.kartenspiele.net (40 Kartenspiele mit verständlichen Anleitungen) kann er sich heimlich informieren und dann durch Souveränität auffallen. Das Tolle am Kartenspielen ist, dass alle riesigen Spaß dabei haben. (sch)

Kartoffelfest organisieren!

Wenn Sie mal ein Lagerfeuer machen: Nehmen Sie einen großen Sack Kartoffeln mit, mindestens den 2-Kilo-Beutel aus dem Supermarkt, und werfen Sie die Kartoffeln in die heruntergebrannte Glut. Die eine oder andere Knolle wird dran glauben müssen, bis Sie per Stöckchen herausgefunden haben, ob sie schon gar sind. Aber dann: Es gibt nichts Köstlicheres! Für die anwesenden Damen nehmen Sie Alufolie mit, und wickeln Sie die Kartoffeln darin ein. (st)

Kasperltheater bauen!

Natürlich können Sie auch eines im Internet bestellen oder im Spielzeugfachhandel erwerben. Aber erstens ist das industrielle Massenware, zweitens sind die Teile meistens zu klein, als dass auch Papa mal hinter die Bühne kann, und drittens macht es Riesenspaß, das Kasperltheater mit den Kindern selbst zu bemalen. Sie können das natürlich auch heimlich und alleine machen – dann haben Sie das ultimative Weihnachtsgeschenk. Am besten gehen Sie in den Baumarkt und lassen sich drei 19-mm-MDF-Platten (mitteldichte Faserplatten – sind gut zu lackieren und zu bemalen) in der Größe schneiden, in der Sie es brauchen (Sie sollten sitzend dahinter Platz nehmen können). Dann besorgen Sie sich zwei Scharniere, mit denen Sie die drei Teile der Bühne nach Art eines Triptychons, das nach hinten aufgehen soll, zusammenfügen. Aus dem mittleren Teil des Kasperle-Triptychons schneiden Sie nun die Bühnenöffnung heraus (an den vier Kanten Löcher bohren – dann mit der Sticksäge herausschneiden). Jedes Kasperletheater hat auch einen Samtvorhang, der von hinten angebracht wird und die Puppenspieler verdeckt. Mehr ist eigentlich nicht erforderlich. Und bei der Bemalung ist Ihrer Fantasie keine Grenze gesetzt. Nur ein Tipp: Treiben Sie es nicht zu bunt, sonst kommen die schönen Kasperlefiguren bei der Premiere gar nicht richtig zur Geltung! (m)

Das Kasperle machen!

Laden Sie doch einmal auch ohne besonderen Anlass, ganz spontan, die Freundinnen und Freunde Ihrer Kinder ein und geben Sie eine Vorstellung mit dem Kasperletheater. Es ist unglaublich, wie die Kinder mitgehen und wie lauthals und fröhlich sie lachen. Ein besonders schönes Erlebnis war für uns ein Sommertag an einem Wochenende im Mai, als wir die Kinder der Nachbarschaft zu Gast hatten. Meine große Tochter Julia assistierte bei der Vorstellung des Stückes »Seppel hat Geburtstag« und am Ende bekamen wir einen Riesenapplaus. Es fehlt Ihnen an einer passenden Spielidee fürs Kasperlespiel? Schauen Sie mal im Internet unter: www.sprachhexen.com und www.hausfrauenseite.de. (r)

Kinderbilder anschauen!

Fällt es Ihnen schwer, etwas von sich und Ihrer Kindheit zu erzählen? Ein Mann ist ja kein Buch. Dann greifen Sie zu einem kleinen Trick: Holen Sie Ihre alten Kinderbilder und Familienfotos vom Speicher und betrachten Sie mit Ihren Kiddies, wie Sie in der Lederhose und mit der Schultüte bewaffnet Ihrem ersten Schultag entgegenstrebten oder wie Sie sich über die Torte bei der Erstkommunion hermachten. Die Kinder lachen sich kaputt – und ziehen Ihnen die Infos schon aus der Nase. Sie werden mehr von sich zu erzählen wissen, als Sie jemals dachten. (m)

Kinderkochkreationen ausprobieren!

Die Kids haben mit Begeisterung gekocht. Die Küche sieht aus wie ... na, so wie es halt früher aussah, wenn Sie als Kind gekocht haben. Und jetzt

werden die Mampfereien auch noch aufgetischt! Wenn sich alle mit Grausen wenden – hat »der beste Papa der Welt« seine Chance: Irgendjemand muss die neuesten gastronomischen Schöpfungen doch verkosten – und sei es mit Todesverachtung. Auf dem Weg zum Sternekoch muss auch Ihr Sohn die eine oder andere gewagte Kreation ausprobieren. Schließlich lernen wir alle doch nur aus Fehlern. (st)

K

Kindern Priorität einräumen!

Das Gefühl kennt sicher jeder von uns. Man schaut sich Kinderfotos an und fragt sich, wo die Jahre geblieben sind, und wie schnell doch alles vorbeigegangen ist. Man bedauert, die Zeit nicht festhalten zu können, und wünscht sich, manche

Dinge zweimal zu erleben. Und dann sitzen Sie am Schreibtisch, haben dringende Arbeiten zu erledigen und Ihre Kinder fragen, ob Sie Zeit für sie haben. Schnell sagt man: »Hört zu, heute geht es nicht. Ich muss das unbedingt noch erledigen.« Und in einem stillen Moment stellt man fest, dass sich die dringenden, wichtigen Arbeiten wiederholen und dass die Kinder groß geworden sind und von ferne freundlich grüßen. Dann ist es definitiv zu spät, und deshalb sollte man nicht immer, aber immer öfter sagen: »Gut, ich habe zwar wichtige Dinge zu erledigen, aber anderseits, etwas Wichtigeres als euch kann es gar nicht geben ...« Glauben Sie mir, gerade das sind oft die schönsten Momente im Leben. (r)

Zweiten Kindersitz montieren!

Immer ist Ihre Frau dran. Sie braucht den Kindersitz täglich, schon allein für die Einkaufs- und Besorgungswege, bei denen sie das Kind mitnimmt. Und dann ist Wochenende und Radel-Ausflug – und da wird der Kindersitz nicht extra vom Damenfahrrad auf Ihr Bike ummontiert. Irgendwie unfair! Der »beste Papa« der Welt montiert sich deshalb einen Zweitsitz. Ihre Frau wird es bei der ersten Steigung zu schätzen wissen und wie befreit losbrettern. Ob Sie fit genug sind, beweist sich an eben dieser ersten Steigung. Mit dem Nachwuchs »hintendrauf«. (st)

Kinderstreiche gestehen!

Halten Sie nicht hinter dem Berg mit Ihren Kinder- und Jugendstreichen. Die Kinder glauben Ihnen sowieso nicht, dass Sie ein Musterknabe waren. Die Kinder würden Sie nur für langweilig halten. Und ein toller Papa darf alles sein – bloß kein Langweiler!

Also tun Sie was für Ihr Image: Waren Sie nicht der erste Mensch, der in einer Zinkbadewanne über den Baggersee übersetzte? Waren Sie nicht dieser kühne Klingelmännchen-Freibeuter? Waren nicht Sie es, der dem Mathelehrer Honig auf den Stuhl schmierte? Geben Sie es zu! Sie können nur steigen in der Achtung Ihrer Kinder! (m)

Kinderzimmer einrichten!

Auch wenn es in den ersten Jahren das am meisten leer stehende Zimmer sein wird: Zeigen Sie Ihren guten Willen. Richten Sie es ein. Jeder in der Familie hat ein Anrecht auf seinen Raum. Das Kinderbett, die Wickelkommode und der Spielzeugschrank wollen nun untergebracht sein. Aber:

Kleine Kinder sind nicht gerne allein. Darum stellen Sie sich rechtzeitig darauf ein. Kinderzimmer wird in den ersten Jahren die gesamte Wohnung sein. Übrigens: Wann haben Sie eigentlich zuletzt in Ihrem Arbeitszimmer gearbeitet? Oder stand das etwa immer nur leer? (st)

Kinder wickeln!

Das ist nicht nur Frauensache. Ihrer Partnerin stinkt es genauso wie Ihnen. Wer ein Kerl ist, lässt sich nicht lange bitten. Die höheren Weihen erhält man als Mann, wenn man es ein Jahr lang mit Stoffwindeln geschafft hat. Wir haben unsere erste Tochter die ganze Zeit über auf diese Weise gewickelt. Bei der zweiten war es schon etwas entspannter, da wir das ewige Aufknödeln der Stoffbänder doch leid waren. Papa ist auf jeden Fall der Größte, wenn er die Dinge des Alltags beherrscht und auch alleine mit dem Baby den Tag verbringen kann. Außerdem ist es sehr praktisch, auch ohne die Mama »handlungsfähig« zu sein. (r)

K

Kindheits-Orte zeigen!

Fahren Sie mal mit Ihren Kindern in den Ort, in dem Sie aufgewachsen sind – und zeigen Sie ihnen alles: die Bahnunterführung, unter der Sie

Ihre erste Zigarette geraucht haben. Die Kirche, in der Sie als Ministrant das Weihrauchfass geschwungen haben. Die Parkbank, auf der Sie sich Ihren ersten Kuss sicherten. Die Wiese, von der Sie Futter für Ihr Kaninchen holten. Den Fleischer, der Ihnen immer eine Extrawurst mitgab. Den Turm, in dem Sie mit Ihrer Jugendgruppe tolle Feten machten. Den Bach, in dem Sie als Kind vergeblich zu angeln versuchten ... (m)

Kinobesuch für später aufsparen!

Wenn es denn sehr früh sein muss, würde ich dringend empfehlen, der breit plakatierten Kinderfreundlichkeit von Walt-Disney-Filmen mit großer Skepsis zu begegnen! Dort sterben Mütter kleiner Rehkitze (Bambi), verlieren Löwenbabys ihren Vater (!) und so weiter und so fort. Für das Prädikat »bester Papa« schieben Sie den ersten gemeinsamen Kinobesuch so weit wie möglich hinaus. (st)

Kinos unterstützen!

Gehört fast zum Alltag, ist aber immer wieder ein Erlebnis, »Die wilden Kerle«, »Harry Potter«, »Billy Elliot«, »Bärenbrüder«, »Findet Nemo«, »Die sieben Zwerge«, »Die Unglaublichen« ... All die Filme hätte ich ohne meine Töchter nicht gesehen und sie haben uns sehr viel Spaß gemacht. Als Gegenleistung kann »Papa der Große« natürlich die Karten besorgen, Popcorn und Getränke kaufen sowie zum Kino fahren. Das ist doch nur fair, oder? Mittlerweile gehe ich mit meiner ältesten Tochter in die Filme, die meine Frau nicht sehen will, »Matrix«, »Spider Man« usw. (»die Äpfelin fällt eben auch nicht weit vom Stamm«). (r)

Kirche gucken!

Auch wenn Sie (und/oder Ihre Frau) nichts mit der Kirche am Hut haben: Gehen Sie mit Ihren Kindern mal in eine rein! Sie finden einen Raum voller Geheimnisse und rätselhafter Dinge. In allen Kulturen gab und gibt es Religion, gab es mystische Orte, Kultstätten, Tempel, sakrale Bezirke. Versuchen Sie mit Ihren Kindern herauszufinden, was die einzelnen Dinge, die Sie in einer solchen ganz normalen mitteleuropäischen Kirche finden, zu bedeuten haben. Wozu braucht man in der Religion einen Altar? Wieso steht da eine Schale mit geweihtem Wasser? Was soll der Engel bedeuten? Wozu ein heiliges Buch? Und im nächsten Fernost-Urlaub gehen Sie dann mal in einen buddhistischen Tempel! Was ist anders? Was ist gleich? (m)

Kirschkernweitspucken veranstalten!

Das Ritual schlechthin, um die Kirschernte zu begrüßen! In unserem Ort sind wir von Apfel- und Kirschbaum-Plantagen umgeben. Wenn die Kirschernte beginnt, kann man die Kirschen am Straßenrand zwischen Finthen und Drais oder direkt bei den Bauern der Umgebung einkaufen. Natürlich bin ich einer der Ersten beim Einkauf – und am Wochenende gibt es dann mit den Töchtern und den Nachbarkindern das große Kirschkernweitspucken. In der Regel machen 6–8 Kinder mit. Meistens habe ich schon heimlich geübt und die Kinder auch. Wir bilden zwei Mannschaften und dann geht's los. Den Kopf schwingt man regelrecht nach vorne, sammelt viel Luft im Mund und schießt den Kern ab. Der Mund darf dabei nur ein wenig geöffnet sein, damit der Druck optimal ist. (r)

Kissenschlachten schlagen!

Als die Kinder klein waren, kamen sie an den Wochenenden an unser Bett, um hineinzukriechen und mit uns zu kuscheln. Wir hätten gerne noch ein Ründchen geschlafen. Aber den Kindern wurde es nach einiger Zeit langweilig. Sie wollten balgen und natürlich die größte aller Schlachten schlagen, nämlich die Kissenschlacht. Meine Frau floh dann meistens. Ich aber! Ich stellte mich mit dem Kissen in der Hand hocherhoben hin und rief mit tiefer Stimme: »Glaubt Ihr denn, Ihr Vermessenen, das Ihr den unbesiegbaren Ritter Torpilo Lasso schlagen könnt? Seht euch vor, sein Kissen ist scharf geschliffen.« Worauf sie erwiderten: »Wir sind die königlichen Wirsche und vor Tassilo Pilo haben wir schon gar keine Angst.« Und dann ging es los, aber so richtig. Also wenn Papa der Größte sein und bleiben will, dann muss er sich in dramatischen Kissenschlacht bewähren. (r)

Eine Klamm besuchen!

Es ist Sonntagnachmittag, und die Begeisterung für den Familienspaziergang ist gleich null. Vielleicht liegt's nur am Ziel. Es gibt genug imposante Naturschauspiele, die Kinder faszinieren. Wenn beispielsweise Wasser in dramatischen Konstellationen da ist, wird sich ein Kind kaum verweigern. Lieber einmal ein paar Kilometer in Kauf nehmen als die Kinder durch den Stadtwald prügeln! Kämpfen Sie sich durch eine spektakuläre Klamm oder planen Sie den Besuch in einer Höhle mit einem unterirdischen See ein. Sie werden sehen, dass sich auch Ihr Kind für Wanderungen begeistern kann. (l)

Kleben Sie!

»Kleben« übt wie »Nageln« eine tiefe Faszination auf Kinder aus. Dass man mit dem Kleber etwas zusammenbringen kann – und es hält, das fasziniert. Kleben kann man schon sehr früh. Wenn's der Pritt-Stift sein soll, dann bitte unter Aufsicht (das Zeug ist giftig). Es gibt aber auch ungiftige Kleber. Und denken Sie mal daran, dass Tapetenkleister oder normales Eiweiß auch kleben. Und dann nehmen Sie sich ein großes Blatt oder die Rückseite einer alten Tapete – und kleben mit Ihrem Kind nach Herzenslust was drauf: bunte Blätter, kleine Steine, Schnipsel aus der Zeitung. (t)

Klettern!

Normale Väter stehen unter Baumriesen, rauchen eine Zigarette und schauen auf die Uhr – warten, bis der Anfall bei ihren Kindern wieder vorübergeht und sie wieder von ihrer Klettertour zurückkehren. Normale Väter können Sie vergessen! Richtige Väter sind Kerle; sie geben ihren Kindern Steighilfe, machen die »Hühnerleiter«, klettern mit, so hoch es geht, wippen tollkühn auf weit ausladenden Ästen, machen sich die Hemden schmutzig, zerreißen sich die Hosen und sagen zu Mama: »Ach Mädchen, das wirst du nie verstehen!« (m)

Klingelmäuschen mitmachen!

Dies ist ein beliebtes Kinderspiel, macht aber besonderen Spaß, wenn Papa mitmacht, weil es so hart an der Legalität vorbeischrammt. Man klingelt und läuft dann nur ein kleines Stück weg. Danach kehrt man mit den Kindern an der Hand langsam zurück. Die Leute öffnen die Tür und halten Ausschau nach einer Kinderbande, sehen aber nur einen seriösen Erwachsenen mit zwei Kindern an der Hand, die sie freundlich grüßen. Auf die Frage, ob man jemanden gesehen habe, antwortet man freundlich, dass gerade ein paar Jungs an uns vorbeigelaufen sind. (r)

Kneten Sie!

Kneten ist über dem ganzen Techno-Spielzeug etwas aus der Mode gekommen – und verdient wieder beachtet zu werden. Eine kreative Sache – und völlig ohne jedes Risiko. Misslingt das Objekt, knetet man's einfach wieder zusammen. Im Keller habe ich eine Bastelecke, in der auch mal »gesaut« werden kann. Dort ist auch ein Regal, auf dem immer einigen Packungen frischer Knetmasse liegen – für alle Fälle. Außerdem stehen da ein paar besonders gelungene Kunstwerke: der Bär mit den roten Augen, das Krokodil und das Polizeiauto.

K

Immer mal wieder verziehe ich mich mit Sohnemann zum Kneten in den Keller. (t)

Kochen à la Papa!

Wahrscheinlich liegt es Jahre, wenn nicht Jahrzehnte zurück, dass Sie das letzte Mal am Herd standen. Macht nichts, im Gegenteil: Jetzt können Sie Punkte sammeln! Dabei versteht sich von selbst, dass Sie sich nicht in die Niederungen von Spaghetti mit Tomatensoße oder Pellkartoffeln mit Spinat hinabbegeben. Um einen bleibenden Eindruck zu hinterlassen und von vornherein der Gefahr zu entgehen, mit Mamas Alltagsküche verglichen zu werden, müssen Sie nach den Sternen greifen. Unter Bocuse, Obauer oder Winkler läuft da gar nichts. Und vier Gänge plus einem Gruß aus der Küche sollten es schon sein. Das schaffen Sie nicht? Natürlich schaffen Sie das! Die Latte kann gar nicht hoch genug gelegt werden. Denn entscheidend ist, dass Sie verblüffen – mit ungeahnten Geschmackskreationen, mit noch nicht da gewesenen optischen Darbietungen, mit außergewöhnlichen Arrangements. Und denken Sie daran: je exotischer, desto bleibender ist die Erinnerung, desto größer der Beifall. (k)

K

Kochen mit Sound!
Heute ist es aber lustig in der Küche. Wir kochen gemeinsam den Sonntagsbraten. Nebenbei haben wir diverse Töpfe, Deckel und Schneidbretter aufgebaut und bearbeiten diese mit Kochlöffeln und Schöpfkellen. Super-Sound und gute Stimmung. (t)

Kompasswandern!
Trauen Sie Ihrem Kind etwas zu (möglich ab 10 Jahren): Besorgen Sie sich einen Kompass, eine genaue Karte der Umgebung und frischen Sie Ihr eigenes Wissen auf (man hat ja mal »jedient« – beim Bund oder war Pfadfinder). Kompasswanderung – lautet die Herausforderung. Suchen Sie ein gutes Gebiet aus. Offenes Gelände mit der Möglichkeit,

K

Ziele zu visieren. Hecken, Bäume etc. Rechnen Sie die Marschzahl aus. Vorher muss natürlich alles gemeinsam eingeübt werden. Dann kann es eigentlich losgehen. Am besten sollte es sogar eine Gruppe von Kinder sein. Den Kompass-Halter, den Karten-Halter, den Schritt-Zähler, den Proviantträger etc. Passieren kann dabei eigentlich nichts. Kinder verstehen den Kompass sehr schnell und deshalb kommt Ihr Kind sicher an das Ziel. Dort gibt es dann eine fetzige Mohrenkopf-Party. Kann auch als Wettbewerb veranstaltet werden. Mehrere Gruppen, verschiedene Marschzahlen und das gleiche Ziel. Aber bitte keine paramilitärische Veranstaltung daraus machen. (t)

Komplimente verteilen!

Loben Sie Ihr Kind, gerade, wenn Sie durch Ihre berufliche Anspannung selten zu Hause sind! Mama ist den ganzen Tag mit den Kindern zusam-men und sieht notgedrungen so dies und das, was nicht in Ordnung ist. Papa – und das ist auch ganz O. K. so – darf am Abend den positiven Verstärker spielen. Wissenschaftler haben herausgefunden, dass man viermal so schnell durch das emotionale Verstärken lernt als durch das Eliminieren von Schwächen. (m)

Kompromisse machen und trotzdem konsequent bleiben

Unser kleiner Junge ist heute Nacht bei mir und nicht bei seiner Mama. Um 20 Uhr geht er normalerweise ins Bett. Das haben wir so vereinbart, daran möchte ich mich auch halten. Zu blöd: Da ist aber auch noch die Geburtstagsparty einer guten Freundin von mir, und die beginnt erst um 20 Uhr. Entweder-oder? Nein – ein kleiner Kompromiss ist möglich. 19.30 Uhr: Wir fahren mit dem heiß geliebten Bus zur Geburtstagsfeier und geben wenigstens noch unser Geschenk ab. Es ist dunkel und die vielen Lichter begeistern. Wir sagen der Gastgeberin liebe Grüße und machen uns danach wieder auf die Socken. Um halb 9 liegt der frisch Gewindelte selig im Bett. Der glückliche Gesichtsausdruck nimmt mir jegliches schlechte Gewissen. (t)

Kontaktpflege betreiben!

Wollen Sie wirklich stolz darauf sein, dass Sie der Einzige waren, der sich an die Abmachung gehalten hat, keinen Kontakt mit den Kindern aufzunehmen, solange Sie auf der 6-tägigen Schulfahrt sind? Dann können Sie sich heute schon gute Gründe dafür ausdenken, warum gerade Ihr

K

Kind das einzige gewesen ist, das keine Post und kein Päckchen von zu Hause bekommen hat. Da können Sie gespannt darauf sein, wie das Argument: »Aber das haben wir doch mit den anderen Eltern so ausgemacht!« ankommt. Ein dicker Minuspunkt ist Ihnen hier sicher. (st)

Eigenes Konto für die Kinder einrichten!
Kinder sollen rechtzeitig lernen, mit Geld umzugehen, und deshalb ist es richtig, ihnen ab einem bestimmten Alter (13 bis 14) ein eigenes Konto einzurichten. Unsere Erfahrungen sind sehr positiv, es fördert die Selbstständigkeit und das Verantwortungsbewusstsein. (r)

Krabbeln Sie mal wieder!
»Papa auf, Papa auf!« Der Kleine schläft in Ihrem Bett und gibt Ihnen unmissverständlich zu verstehen, dass es jetzt losgehen soll. Am Sonntag um halb sieben! Tun Sie sich und dem Frühaufsteher etwas Gutes und krabbeln Sie mit ihm in die Küche. Dann sind Sie mit ihm auf gleicher »Höhe«. Das gibt ein Gefühl der Verbundenheit, außerdem müssen Sie sich nicht komplett aufrichten und kommen damit in die Nähe der Espressomaschine. Während diese vor sich hin brummt, kann man ja

schon mal mit Sohn das Müsli aus dem Schrank wühlen. Sie müssen ja nicht den ganzen Vormittag in der Vierfüßler-Position bleiben. Aber für den Anfang eines wunderbaren neuen Tages ist das erst mal nicht schlecht. (t)

Krach mit der besten Freundin ernst nehmen!

Wer meint, sich über die Streitereien der Kinder amüsieren zu müssen, und sie als kindisch abtut, der sollte einmal intensiv über die Querelen der Erwachsenen in der Firma oder in der Familie nachdenken. Für die Tochter oder den Sohn ist das jedenfalls eine ganz ernste Sache, über die sie sprechen müssen, und man sollte sich die Zeit nehmen zuzuhören. Dies kann man auf einem gemeinsamen Spaziergang oder bei einem Gespräch im Kinderzimmer tun. Es hilft immer, sich den Kummer von der Seele zu reden. Schlagen Sie sich dabei nicht zu sehr auf eine Seite. Die Kinder haben sich oft schon längst vertragen, während wir noch immer damit beschäftigt sind, Partei zu ergreifen. Streit und Lösung liegen immer nah beieinander. Wichtig ist zu erklären, dass ein Streit nicht nur negative Seiten hat und dass man dabei lernen kann, auch wieder aufeinander zuzugehen. Gut kommt der Vorschlag an, sich zur

Versöhnung an einem neutralen Ort, z. B. in der Eisdiele, im Schwimmbad oder im Kino, zu treffen. (r)

Kraxe zulegen!

Falls Sie selber gerne wandern, gar bergwandern, sollten Sie sich unbedingt eine Kraxe zulegen, in der Sie Ihr Kind doch recht bequem tragen können. Die Kraxe kann ja auch wieder verkauft werden, wenn Ihr Kind die zulässige Gewichtsklasse überschreitet. Je nach Alter kann der kleine Bergsteiger selber stückweise gehen oder aber er wird eben von Papa getragen. Unterwegs wird gemeinsam gesungen, es wird gehoppelt oder es werden Tannenzapfen, Stöcke oder anderes Material hochgereicht. Es werden Viehweiden besucht und Kühe gestreichelt. Man genießt gemeinsam die Sonne oder lässt den Regen auf das Regendach prasseln. Die Kraxe ist auch toll in der Stadt, wo es viel zu sehen gibt und viele Leute unterwegs sind. Von dort hat unser neugieriger kleiner Spatz alles im Blickfeld. Einen Nachteil hat das Ganze: Auf die eigene Frisur sollte man nicht allzu viel Wert legen. (t)

Krippchen bauen!

Weihnachten naht – und bevor Sie wieder die alte Weihnachtskrippe entmotten und generalüberholen: Bauen Sie mit Ihren Kindern doch einfach eine neue. Da haben Sie im Advent jede Menge zu tun: Der eine malt eine wunderbare, sternenübersäte Nachtkulisse, das Hirtenland von Judäa, die Häuser der Stadt Jerusalem; ein anderer baut aus Pappmaché schon einmal eine hügelige Grundfläche; wieder ein anderer lässt einen Stall entstehen usw. Und dann müssen Sie natürlich in den Wald, Moos organisieren. Gehen Sie nicht an hohlem Liebstöckelgehölz vorbei! Mitnehmen! Halbiert und in 1,5-cm-Stücke geschnitten, sind das die Ziegel für den Stall. (m)

Kritik herunterschlucken!

Die ganze Woche stehen die Kinder in der Schusszone. Morgens sind sie nicht rechtzeitig am Frühstückstisch, in der Schule sind sie x verschiedenen Lehrern ausgesetzt, die auf ihnen herumhacken. Am Nachmittag bieten sie Mama offene Flanken: Was, immer noch kein Hausaufgaben? Zimmer noch nicht aufgeräumt? Klavier noch nicht geübt? Und abends hackt dann Papa in den offenen Wunden herum! Das ist doch kein Leben! Machen

K

Sie wenigstens den Sonntag zur kritikfreien Zone! Da ist jede Form der Korrektur und gegenseitigen Verbesserung strikt untersagt. Da nehmen wir uns mal so, wie wir sind. (m)

Küchendienst schieben!

Mama hat sonntags ja ohnehin Küchenverbot. Lassen Sie mal eins von den Kindern kochen! Wie – die wollen nicht? Machen Sie ihnen ein Sonderangebot: Papa, ist dein Einkaufsberater, dein Assi, dein Hilfskoch, deine Küchenfee! »Du bist der Küchenchef! Ich mache, was du willst! Zwiebel schälen, aufräumen und so ...« Das macht richtig Spaß: Am Samstag der kreative Einkaufstrip in den Supermarkt (»Würde Mama nie kaufen; da sind ja so viele Es drin!«) und am Sonntag die Orgie am Herd. Papa räumt ja alles wieder auf. Lassen Sie Mama trotzdem nicht in die Küche. Sie bekäme einen Herzinfarkt! (m)

Kürbis mitbringen!

Im Herbst liegen Sie am Straßenrand, kosten nur einen, maximal 2 Euro, diese herrlichen orangeroten Kürbisse. Sie denken wieder nur an das eine – dass man Suppe daraus machen kann? Nehmen Sie mal welche für Ihre Kinder mit nach Hause –

zum Aushöhlen und Fratzenreinschneiden. Sieht schaurig aus, wenn erst das Teelicht im Kürbis brennt. Kaufen Sie Ihren Kindern am besten auch noch ein Set dicker Arbeitshandschuhe, denn beim Kürbisschneiden rutscht garantiert das Küchenmesser aus. (m)

Kuscheln!

Sagen Sie mal nichts zu den geschmacklichen Präferenzen Ihrer Kinder bei der Auswahl des TV-Programms. Ziehen Sie sich nicht in Ihr Arbeitszimmer oder den Schmollwinkel zurück. Schauen Sie ausnahmsweise einmal mit, enthalten Sie sich dabei jeglicher Kommentare und nehmen Sie dabei Ihre Kind in den Arm und halten es kuschelig warm. Vielleicht bringen Sie neben der Kamelhaardecke sogar noch eine Riesentüte Popcorn mit und mümmeln mit. Sie bereiten Ihren Kindern einen unvergesslichen Fernsehabend. (m)

Kuschelhöhle bauen!

Als Kind habe ich selbst mit meinen Geschwistern Kuschelhöhlen gebaut, aber gegen meine beiden Töchter bin ich ein Laie. Stühle und Tische werden zusammengerückt, und wo möglich werden die Decken mit Heftzwecken und Tesafilm oder ein-

fach durch Einklemmen festgemacht. Der Höhleneingang wird von den Kindern streng bewacht und man kommt nur mit einer Eintrittskarte hi-nein. Der Höhepunkt ist dann, in der selbst gebauten Höhle mit der Taschenlampe eine Geschichte aus einem Buch vorzulesen. Und wenn der Riese vorbeikommt, muss Papa alle warnen, damit sie mucksmäuschenstill in der Höhle bleiben und warten, bis der Riese wieder weitergezogen ist. (r)

K

Krankenpfleger spielen!

Es muss nicht immer die Mama sein, die sich um kranke Kinder kümmert. Nehmen Sie Ihr Kind mal genauso ernst, wie Sie Ihre Geschäftstermine ernst nehmen. Bleiben Sie auch mal zu Hause, wenn es krank ist. Setzen Sie sich in das Krankenzimmer, pflegen Sie das Kind, lesen Sie ihm etwas vor, unterhalten Sie sich mit ihm, spielen Sie mit ihm, besorgen Sie ihm etwas Leckeres. (m)

Kunststück einüben!

Es ist doch langweilig, als Papa immer nur in der Rolle des Zuschauers bei der »Tanzvorführung« oder der »Modenschau« Ihrer Kinder eingebunden zu sein. Sie dürfen gerne mitmachen. Ihre Kinder freuen sich, wenn Sie ein kleines witziges Kunststück mit ihnen einüben. Kunststücke mit Papa eignen sich zur Vorführung im kleinen Kreis mit Mama als Zuschauerin oder auch auf Familientreffen und auf Kindergeburtstagen. Bei einem der Kunststücke knie ich nieder und meine Tochter klettert über das Bein auf meine Schulter. Dort sitzt sie, bis ich aufstehe und dann steigt auch sie auf meine Schultern und steht dort freihändig. Wenn Sie wollen, können Sie jetzt klatschen. Alternativ hierzu kann man natürlich auch Zaubertricks lernen. Spontan kann man auch die Kinder der Nachbarschaft einladen. Je mehr Kinder beim Zirkus spielen mitmachen, umso mehr Spaß macht es. (r)

K

Lady-Killer inszenieren!

Was nur schenkt man dem Opa zum Fünfundsiebzigsten? Gekauftes kommt nicht in Frage. Es muss schon etwas Eigenständiges sein. Stets gern genommen: ein Ständchen, wenn möglich sogar kammermusikalisch untermalt. Um dem Geschenk nun eine ganz besondere Note zu verleihen, zitieren Sie mit Ihren Kindern – Mindestbesetzung: vier – einen Filmklassiker: Ladykiller. Und das geht so: Sie besorgen sich im Freundeskreis einen Bass, ein Cello, eine Violine und eine Bratsche. Dazu benötigen Sie noch aus eigenen Beständen einen Plattenspieler und das Stück »Menuett, Opus 11, Nr. 5, d. 275« von Boccherini auf CD. Und dann geht`s los, wie im Film-Original: Während die Videokamera läuft, betritt ein Kind nach dem anderen den Raum, greift zum Instrument, die Platte wird aufgelegt, der Bogen durch die Luft geführt und das Streichquintett erklingt. Bis es an die Tür klopft und Mutter schüchtern fragt, ob denn wohl ein Tässchen Tee gewünscht wird. Opa wird seine Freude haben! (k)

Lagerfeuer entzünden!

Sinnvoll ist es ja schon, dass man im eigenen Garten nicht mehr ohne weiteres ein Lagerfeuerchen machen darf. Dafür gibt es nun öffentliche Feuerstellen (man kann sich bei der Stadt oder der Forstverwaltung erkundigen, wo sie liegen). Nutzen Sie

die – Kinder sind geborene Pyromanen. Bringen Sie »Altpyromane« Ihren Kiddies die hohe Kunst des Holzaufstellens bei: zerknülltes Papier, Pappe zuunterst, darüber kleine Reiser oder Scheite, und erst darüber werden die großen Holzstücke gefügt. Dann brennt's ... (m)

Lampe selbst anbringen!

Da ich handwerklich nicht besonders begabt bin, schätzen meine Kinder es um so mehr, wenn ich trotzdem den Mut habe, einfache Arbeiten wie das Anbringen einer Lampe zu erledigen. Denken Sie an Goethes letzte Worte, »mehr Licht«, und schon fühlen Sie sich zu Höherem berufen, was ja aufgrund der Leiter, die Sie brauchen werden, nicht ganz unberechtigt ist. Falls die Kinder kleiner sind, machen Sie es am besten zusammen mit Ihrer Frau. Sind sie größer, dann kann auch die Tochter oder der Sohn den Staubsauger halten und, während Sie bohren, den Staub absaugen.
Tipp: Wenn Sie keine gute Bohrmaschine haben, leihen Sie sich lieber eine von einem »kompetenten Nachbarn«. Wenn Sie Glück haben, zeigt er Ihnen gleich, wie sie funktioniert und wie einfach alles mit ihr geht. Andernfalls brauchen Sie bei entsprechenden Wänden vorher ein geeignetes

Krafttraining. Es empfiehlt sich beim Bohren, wenn man nichts Besseres zu Hand hat, eine alte Brille zu tragen. Es ist nicht besonders angenehm, kleine Staubkörnchen oder Splitter ins Auge zu bekommen. (r)

Langweilen!

Um Gottes willen – widerstehen Sie bloß der Versuchung, Ihren Kindern die Langeweile wegzuentertainen! Sonst tanzen Sie bald wie Rastelli durch die Wohnung, und die Kinder sitzen mit heruntergezogenen Mundwinkeln im Sessel und warten auf die nächste Nummer. Wenn Ihr Kind kommt und sagt, es sei ihm langweilig, dann bemitleiden Sie es! Sagen Sie ihm vielleicht: »Oh ja, das kenne ich – das ist schlimm!« Ich bin überzeugt: Nur wenn Kinder Langeweile haben (und man sie ihnen nicht nimmt – beispielsweise durch irgendwelche Unterhaltungselektronik), werden sie auch kreativ und machen aus fast gar nichts etwas Neues. (m)

Laubsäge reaktivieren!

»Papa, ich will auch sägen!« Sind Sie gerade dabei, Ihren Holzvorrat für den Winter anzulegen? Eine Kreissäge ist nun wirklich nichts für Kinderhände, aber besorgen Sie doch Ihrem Kind einen Laubsägekasten. Damit kann es tolle Sachen anfertigen: vom Muttertagsgeschenk für Mama bis hin zu lustigen Zaunguckern für den Garten. Leider muss da aber erst mal Papa ran. Denn für das Sägen braucht man etwas Übung, Geschick und Geduld – und wenn Papa da erst einmal mitsägt, wird sich das Kind eines Tages »emanzipieren« und alleine mit der Laubsäge beschäftigen. Im Fachhandel gibt es übrigens schöne Laubsäge-Vorlagen und auch gute Bücher, die aus einem kleinen Hobby eine richtige Kunst machen. (l)

Leerlauf zulassen!

Sie sind nicht der Entertainer Ihrer Kinder! Sie müssen nicht mit den Kindern spielen, wenn Sie es nur mit heimlichen Bauchkrämpfen hinbekommen. Sie müssen die Kinder auch nicht, sobald Sie ihrer ansichtig werden, auf noch ausstehende Aufräum- oder Schularbeiten hinweisen. »Kinder«, sagt ein Sprichwort, »dürfen nicht immer nur aufgezogen werden. Man muss sie auch mal gehen lassen!« Prima, wenn Sie es hinbekommen, dass auch einmal Leerlauf ist, auch die Kinder einmal relaxen dürfen. Wenn mein Vater mich mit einem Buch erwischte, sagte er immer: »Hast du nichts zu schaffen?« (m)

Zum Lesen verführen!
Wenn Sie wollen, dass Ihr Kind Bücher liest, müssen Sie selber lesen. Nicht nur im Bett oder verborgen in Ihrem Zimmer. Setzen Sie sich regelmäßig ins Wohnzimmer (oder ist das bei Ihnen schon zum TV-Raum mutiert?), schaffen Sie eine schöne Leseatmosphäre, zünden Sie Kerzen an, halten Sie duftenden Tee bereit, investieren Sie notfalls in einen supergemütlichen Lesesessel und eine ansprechende Leselampe, vielleicht sogar in einen knackenden Kamin. Wetten, dass Ihre Kinder aus den Löchern gekrochen kommen und auch was lesen wollen? Und dann können Sie ja zu Ihrer Bibliothek schreiten und ein »Schätzchen« aus den Beständen zücken. (m)

Lieben Sie Ihre Kinder!
Keiner dieser Tipps hilft Ihnen im Alltag auch nur einen Deut weiter beim Ziel, »bester Papa der Welt« zu werden, wenn Sie den wichtigsten nicht beherzigen: Lieben Sie Ihre Kinder. Lieben Sie sie auch dann, wenn Sie Ihre Meinung nicht teilen, Ihren Erwartungen nicht entsprechen, Sie provozieren, Ihnen den Bettel vor die Füße schmeißen und Ihnen sagen, dass Sie die schlechtesten Eltern der Welt sind. Passiert Ihnen nicht mit Dreijäh-

rigen. Ist in der Pubertät aber Standard. Liebe kann dann heißen: Geduld haben. Die Gummiwand spielen. Warten ... Haben Sie Vertrauen! Was Sie an echter Liebe investieren, bekommen Sie meist in gleicher Währung zurück. Und manchmal sogar mit Zinsen. (st)

Liebe erwidern!

»Papa, ich hab dich ganz doll lieb!« – diesen Satz hat fast jeder Vater schon einmal so oder in Varianten wie »ganz, ganz doll« oder »ganz doll, doll, doll und noch doller« gehört. Das ist schön und jeder freut sich darüber. Aber wie reagieren Sie dann auf eine solch umwerfende, von Herzen kommende Liebeserklärung? Vollkommen unangebracht sind Äußerungen wie »Aha« oder »Hmh«. Darüber freut sich Ihr Kind ganz bestimmt nicht. Irgendetwas sollte Ihnen über die Lippen kommen wie: »Ich habe dich auch ganz, ganz doll lieb!« Sonst ist man nämlich ein Stoffel und stößt sein Kind vor den Kopf. (r)

Lieblingsfilm outen!

War es der scharfe Film mit Ornela Muti, war es ein Bond-Film oder waren es etwa die »Bluesbrothers«? Erinnern Sie sich an den Hit Ihrer jungen Jahre, schwärmen Sie Ihren Kindern gehörig vor. Erzählen Sie, wie es damals mit Ihren Kumpels war, wo Sie den Film gesehen haben und warum Ihre Eltern nichts davon wissen durften. Und dann schauen Sie den Film mit Ihren Kindern an. Sie werden ihn voller Sympathie und mit Ihren Augen anschauen: »He, Papa, habt Ihr euch damals echt mit solchen Klamotten auf die Straße getraut?« (m)

Lieblingsspielzeug reparieren

Beim neuen Lieblingsmotorradspielzeug ist die Gabel gebrochen? Kleiner Tipp nebenbei: Definie-

ren Sie niemals, was ein Lieblingsspielzeug ist. Wundern Sie sich nicht, wenn es heute das Motorrad ist, morgen der kaputte Lastwagen. Lieblingsspielzeuge sind manchmal Lieblingsspielzeuge, weil sie kaputt sind. Es muss also repariert werden, auch wenn Ihnen Ihre Lebenserfahrung (niemals zu verwechseln mit der Lebenserfahrung Ihres Kindes! – das ist ein anderes Universum) sagt, dass die Reparatur völlig umsonst sein wird. Die Reparatur muss im Übrigen nicht unbedingt sachkundig ausgeführt werden. Mit schnell kommen Sie oft viel weiter. Ein Meter Klebeband kommt in diesem Fall einer sachgerechten Reparatur immer noch am nächsten. (st)

In die Luft gehen!

»Papa – ich möchte unbedingt mal fliegen!« Wenn Sie nicht gerade Multimillionär sind und einen Privatjet zur Verfügung haben, ist es nicht so einfach, den Wunsch umzusetzen. Auf manchen Flugplätzen können Sie Rundflüge buchen, die aber meist nach 30 oder 60 Minuten schon wieder vorbei sind. Tun Sie sich doch lieber mit anderen »Kindermenschen« zusammen und chartern Sie für die gesamte Truppe einen Heißluftballon, damit fahren Sie zwar durch die Luft (ja nicht von Fliegen sprechen), aber Ihr Kind wird begeistert Dörfer, Straßen und Flüsse aus der Luft bestaunen. (l)

Mit der Lupe auf den Rasen!

Wir besorgen uns eine Lupe und gehen damit auf den nächsten Bio-Rasen, der nicht groß sein muss, wir sehen ja eh alles in Mikro! Kann ja mal ganz interessant sein, die Ameisen in Großaufnahme zu sehen. Blüten und Blätter zeigen unter der Lupe eine überwältigende Schönheit. Wer hätte schon gedacht, dass Pflanzen so viele Haare haben? (t)

M

McDonald's sponsern!

Pommes, Hamburger, Fischmäc: Läuft Ihnen da nicht auch das Wasser im Munde zusammen? Nein? Seien Sie trotzdem kein Spielverderber und streifen Sie hin und wieder mal den Ernährungsguru ab. Wie soll Ihr Kind denn lernen, dass es dort wirklich nicht schmeckt, wenn es nie da war. Nichts reizt so wie etwas Verbotenes. Und wenn Sie selbst ab und zu sündigen, wird Ihr Sprössling auch viel leichter für Obst, Gemüse und andere gesunde Sachen zu begeistern sein. (1)

Malen lassen!

»Papa, ich will malen!« Ein Wunsch, der Ihnen Schweißausbrüche auf die Stirn treibt? Bemalte Wände? Bemalte Möbel? Muss nicht sein, wenn Sie vorbereitet sind. Möglichkeit eins: Bringen Sie Ihre Büro-Schreibtischunterlagen aus dem letzten

Jahr mit nach Hause. Die Rückseite der Blätter lässt sich in jedem Fall hervorragend bemalen. Oder Möglichkeit zwei! Besorgen Sie Straßenkreide und es kann draußen gemalt werden. Der nächste Regenguss sorgt dafür, dass sich die Aufregung bei weniger kunstbewanderter Nachbarschaft in Grenzen hält. (r)

Malen lassen vom Profi!

Es gibt sie nicht nur auf der Karlsbrücke in Prag oder dem Montmartre: die Kunsthandwerker und Kunststudenten, die Sie oder Ihre Kinder für ein paar Euro zeichnen – naturgetreu oder als Karikatur. Gehen Sie nicht immer an ihnen vorbei. Eine Zeichnung hat einfach eine höhere Halbwertszeit als ein Foto – man rahmt sie und gibt ihr einen Ehrenplatz in der Wohnung, hält sie möglicherweise über Generationen in Ehren. Und dann sagt eine Zeichnung (wenn sie denn gut ist) einfach mehr aus. Da die Konkurrenz an solchen Orten groß ist, kann man leicht herausfinden, welcher Zeichner es wirklich drauf hat und wer nicht. Und wenn Sie so etwas schätzen, dann sollten Sie doch überlegen, ob Sie nicht einmal einen größeren Betrag investieren könnten, um Ihre Familie von einem guten Maler »verewigen« zu lassen. (m)

Malen im Riesenformat!

Malen auf DIN A4 macht Kindern keinen großen Spaß. Da passt doch nichts drauf! Nehmen Sie die größten Papiere, die Sie kriegen können. Die einfachste Lösung: Lassen Sie Ihr Kind auf der Rückseite von Tapeten malen! Oder nehmen Sie die alte Papier-Schreibtisch-Unterlage aus dem Büro mit nach Hause. Haben Sie eine Druckerei in der Nähe? Fragen Sie nach »Makulatur« und Restrollen. Das ist natürlich das Beste: endlos malen. Und wenn Sie dann noch Fingerfarben haben, kann Ihr Kind nach Herzenslust in Farbe »suhlen« – mit Händen und mit Füßen. Fragt sich bloß, wo Sie das Kunstwerk dann aufhängen. (t)

Malen mit Ihrem Kind!

Auch wenn's schwer fällt und Sie sich nicht für van Gogh halten. Es ist eine Riesenchance, Ihrem Kind ganz nah zu sein und by the way über alles das zu sprechen, was Sie und Ihr Kind schön finden und was Ihr Kind gerade besonders bewegt. (sch)

Mama ausführen!

Lassen Sie sich nicht von Job und Familienalltag auffressen. Sondern tun Sie auch was für Ihre Zweisamkeit. Pflegen Sie Ihre Partnerschaft. Kinder haben ein untrügliches Gespür dafür, wenn es wo knackt. Sie brauchen die Nestwärme einer intakten Familie und die fängt halt bei der Liebe und gegenseitigen Zuneigung der Eltern an. Wenn zwischen Mama und Papa gute Gefühle sind, wenn sich dem Kind dort eine wohltuende Welt der Sympathie und Achtung auftut, fühlt es sich geborgen und zu Hause. (sch)

Mama fortschicken!

Schicken Sie Ihre Frau in die Wüste, mit dem Zug nach Wien, mit dem Billigflieger nach Barcelona oder für ein Wochenende nach Florenz. Sie hat es verdient. Sie hängt emotional viel tiefer drin als Sie, nimmt sich alles zu Herzen, kann nicht abschalten, hat keine Distanz mehr zu den Kindern. Handeln Sie, bevor die Nerven ganz blank liegen! Holen Sie Ihre Frau da raus – wenigstens für ein paar Tage. Vielleicht machen Sie gleich ein Komplott mit dem Mann Ihrer besten Freundin. Die Mädels dürfen reisen – und Sie beide werfen die Kinder zusammen. Das mit dem Kochen kriegen Sie schon hin! (m)

Mama supporten!

Denken Sie nun ja nicht, Sie hätten – außer Bewunderung – nichts damit zu tun, wenn Sie Ihrer Frau Mut machen, sich zur Elternsprecherin wählen zu lassen. Ihr Anteil wird sein: 1. Protokolle schreiben; 2. Reiserouten herausfinden; 3. Protokolle schreiben; 4. Elternabende mit organisieren; 5. Protokolle schreiben; 6. Etc.; 7. Etc.; 8. Etc. ... Liebe macht das. Wer der »beste Papa der Welt« sein möchte, darf schließlich nicht nur bei den Kindern punkten. (st)

Männertrip organisieren!

Jungens brauchen manchmal eine Sonderbehandlung. Zu Hause: Mama. Im Kindergarten: die Erzieherin. In der Schule: lauter Lehrerinnen. Und dann noch zwei Schwestern! Allein unter Frauen – was für ein Schicksal! Nehmen Sie Ihren Jungen und brennen Sie mal so richtig mit ihm durch: ein Wochenende in die Berge zum Klettern, zwei, drei Tage Radtour an der Donau, zum Eishockeyspiel in die nächste Großstadt! Und am Rand können Sie mal mit dem Burschen reden, wie Männer unter Männern reden. Das verstehen Frauen nicht. Machen Sie's trotzdem. (m)

Marmeladentag einlegen!
Sollten Sie zufälligerweise zur Erntezeit noch einen Tag Urlaub überhaben, genehmigen Sie sich einen »Marmeladentag«. Wer steht denn auf gekaufte Marmelade, wenn man's auch kompliziert (aber dafür dreimal so lecker!!!) haben kann? Also: Gehen Sie mit der ganzen Familie ans Marmeladekochen! Da gibt es für jeden etwas zu tun. Das Obst muss gewaschen und entkernt werden. Die köchelnden Feinheiten müssen von den kleinen wie großen Experten kollektiv abgeschmeckt und durch Gewürze optimiert werden. Gläser müssen vorbereitet und Schildchen müssen beschriftet werden. Und dann sollten Sie natürlich frisches Brot besorgt haben, dass Sie die fertige Marmelade auch angemessen verkosten können. Hoffentlich bleibt noch etwas über! (m)

Martinstag feiern!

Nützen Sie die Feiertage aus. Da gibt es doch z. B. St. Martin. Ein Namenstag, der absolut kindgerecht ist. Schon Tage vorher kann mit dem Bau von der Laterne begonnen werden. Dann kann man abends die Geschichte vom heiligen Martin vorlesen. In den meisten Ortschaften werden Umzüge mit Pferden veranstaltet. Das ist ein Erlebnis für Ihr Kind. Es wird gesungen und die Laterne getragen. Auch wenn Sie nicht gläubig sind, geben Sie Ihrem Kind die Möglichkeit, dabei zu sein. Eine religiöse Entscheidung kann später gefällt werden. Ich finde es egoistisch, wenn wir Eltern unsere Kinder schon früh darin bestimmen, was in Glaubensdingen richtig oder falsch ist. Ich möchte die Dinge offen halten, damit mein Kind seinen Weg selbst entdecken kann. (t)

Mental verreisen!

Liegt der letzte Urlaub schon länger zurück? Lässt Sie Ihr Arbeitgeber nicht weg, weil Sie nicht zu ersetzen sind? Dann hilft nur eines: Machen Sie es sich mit Ihrer Tochter gemütlich und gehen Sie in der Fantasie auf die große Reise. Kreuzen Sie mit dem Segelboot durch die Inseln der Karibik, tauchen Sie im Roten Meer nach versunkenen

Schätzen oder kämpfen Sie sich mit der Machete durch die Urwälder am Amazonas. Und lassen Sie sich von Mama mit »Reiseproviant«, nämlich mit Getränken und Süßigkeiten, versorgen. (l)

Mehrfamilien-Event organisieren!

Ob spazieren gehen, ein Museum besuchen, einen Ausflug machen – zu all diesen sinnvollen und nützlichen Familien-Events kann man Kinder irgendwann nur noch schwer bewegen. Es sei denn, Papa greift zu Trick 17: Er ruft bei Papa X von Familie Y an – dort gibt es nämlich Kinder im gleichen Alter. Alles geritzt! Nach dieser kleinen »Intrige« kann Papa beim Sonntagsfrühstück verkündigen: Heute Nachmittag fahren wir mit Familie X in den Zoo – und anschließend essen wir noch gemeinsam zu Abend. Das hört sich doch gleich ganz anders an! (m)

Messer schenken!

»Papa, krieg ich ein Messer?« Oh Gott, eine Siebenjährige mit einem Messer in der Hand? Geraten Sie nicht gleich in Panik, auch Ihr Kind muss den Umgang mit gefährlichen Dingen lernen. Schenken Sie Ihrer Tochter ein Schnitzmesser mit gebogener Spitze, damit kann sie Weiden und Haselnussstöcke nach Herzenslust bearbeiten – ohne Gefahr, dass hinterher nicht mehr alle Finger dran sind. (l)

Micky-Maus-Heft kaufen!

Statt Vorträge über den Verfall der deutschen Sprache, den rapiden Rückgang der Phantasie zu beklagen, sollten Sie über Ihren Schatten springen und das Kleingeld zücken. Zu Hause holen Sie dann den alten Koffer vom Schrank und legen die Sammlung Ihrer alten Micky-Maus-Hefte auf den Tisch des Hauses. Man(n) sollte seinen Bildungsauftrag nicht übertreiben. (st)

Mikroskopieren mit Gartenerde!

Jetzt wäre ein Elektronenmikroskop im Arbeitszimmer recht, aber es müssen ja nicht gleich Bakterien sein. Vielleicht haben Sie noch irgendwo ein altes Schulmikroskop stehen? Das genügt völlig, um mit Ihrer Tochter in die faszinierende Welt des Mikrokosmos einzutauchen. Egal, ob Wasser aus dem Dorfteich oder Erde aus dem Garten – schon das Ansetzen macht Spaß und wenn dann unter dem Okular immer neue Fantasiegestalten auftauchen, steht der Karriere als Naturforscherin nichts mehr im Wege. (l)

Minigewächshaus anschaffen!

»Papa, warum wachsen Pflanzen eigentlich nach oben?« Da war doch was mit Schwerkraft, Geotropismus etc.? Sparen Sie sich komplizierte Erklärungen. Nehmen Sie lieber ein Miniaturgewächshaus oder eine Anzuchtschale, da kann Ihre Tochter selbst beobachten, wie sich die Keimlinge nach dem Licht strecken und wie sie sich verdrehen, wenn Sie das Gefäß anders aufstellen. (l)

Mitarbeiten lassen!

Schön, wenn sich Tochter oder Sohn für Ihre Arbeit interessieren, und noch besser, wenn Sie das Kind problemlos an Ihren Arbeitsplatz mitnehmen können. Zeigen Sie ihm ruhig, womit Sie den ganzen Tag über beschäftigt sind, aber vergessen Sie auch nicht, etwas zum Lesen, Spielen etc. mitzunehmen, denn Ihr Kind wird bestimmt noch schneller müde als Sie. Gerade Jungs finden so eine bessere Beziehung zum Vater: Früher haben Söhne eng mit ihren Vätern zusammengearbeitet. Das war auch ganz wichtig für ihr Heranreifen und die Herausbildung ihrer Persönlichkeit. Heute sind sich die Welten der Väter und der Kinder fremd. Was kann man dagegen tun? Vielleicht geht's so: Freitagnachmittag. Die Kollegen und Kolleginnen verabschieden sich in das Wochenende. Man kann ruhig noch ein paar Sachen fertig machen. Da stört es doch auch nicht, wenn Mama mal den kleinen Mann vorbeibringt und der zuschaut, was Papa so macht. Ein wenig auf dem »Keyboard« rumdrücken, die Werkstatt zusammenkehren, etc. Natürlich ist der Tipp nur möglich, wenn Sie nicht gerade einer sehr gefährlichen Arbeit nachgehen. (l/t)

Mitfürchten!

Gemeinsam lässt sich vieles leichter ertragen. Erst recht, wenn die Schatten an der Wand nicht mehr lustige Rätsel sind, sondern Unruhe in Kinderherzen tragen, hilft es, wenn Sie sich Sprüche sparen wie: »Männer haben doch keine Angst« oder »später wird dich dein Mann beschützen« bis hin zu allgemeiner gehalten: »Ja, wer wird denn vor so was Angst haben?« oder ähnlich mitfühlenden Kommentaren. Vielleicht ist die Angst vorm Schatten an der Wand ähnlich real wie Ihre Angst letztens, als Sie zum Chef zitiert wurden. (st)

Mitkrabbeln!

Ihre Freunde sind zu Besuch. Ihr Krabbelkind möchte auch gerne im Kreis der Freunde sein. Schwierige Sache: Das Kind turnt auf den Schößen herum und stört alle. Ganz einfach – eine große Freude –, legen Sie sich mit dem Kind auf den Boden. Reden können Sie auch aus dieser Position. Und alles geht easy! (t)

Mitlachen!

Als Vertriebsmann mit Leib und Seele bin ich nicht frei von »Begrüßungsfloskeln« und »wichtigen überzeugenden Tonlagen«. Und auch in meinem privaten Leben gibt es eine Reihe von Dingen, über die man sich bestens amüsieren kann. Meine ältere Tochter Julia ist mit der Gabe der »satirisch treffenden Darstellung« gesegnet, und sie schafft es nicht nur, mich nachzumachen, sondern sie überzeichnet dabei so perfekt, dass die lächerlichen Aspekte vieler meiner Verhaltensweisen klar zum Ausdruck kommen. Mittlerweile eifert ihr auch die jüngere Schwester Antonia erfolgreich nach und meine Frau – das ist das Schlimmste – lacht sich halb krank: »Ja, ja, genau so ist er ...« Papa hat nur eine Chance: die professionelle Darstellerqualität anerkennen und mitlachen. (r)

Mitreden lassen!

Es ist eine Unart vieler Erwachsener, den Kindern grundsätzlich als Überlegener zu begegnen. Das spart Argumente und ermöglicht die Durchsetzung des eigenen Willens kraft »Amtes«. Ich spiele auf die Respektlosigkeit und Arroganz vieler Erwachsener an, die den »lieben Kleinen« von vornherein die Rolle der Naiven und Unerfahrenen zuweisen, die noch nicht mitreden können. Meine Erfahrung ist, dass es schon jetzt viele Gebiete gibt, auf denen ich von meinen Töchtern lernen kann, und dass ich in Gesprächen mit ihnen oft sehr gute Anregungen erhalten habe. (r)

Mobile bauen!

Das war noch der Eifer des jungen Vaters! Ein richtiges Mobile hat er gebaut! Balsaholz gekauft, Motive entworfen, ausgesägt, angemalt, mit Schnüren befestigt. Und dann kam das Mobile über den Wickeltisch. Ich weiß nicht, wer sich mehr gefreut hat – Mama oder der Kleine. Da ist der Seemann in der Mitte und die Schiffe fahren um den herum. Lustig und interessant für den kleinen Mann. (t)

Modell sitzen

Als ich letzthin alte Fotos durchstöberte, bin ich auf witzige Aufnahmen gestoßen, in denen wir alle im Gesicht angemalt waren. Beide Töchter hatten dabei mächtigen Spaß. Als kleine Kinder taten sie dies mit großem Ernst, darauf bedacht, die »Kriegsbemalung« überall im Gesicht zu verteilen. Das Ergebnis fiel in aller Regel nicht gerade gleichmäßig, dafür aber üppig aus. Gemein war, dass ich immer erst am Schluss zu sehen bekam, was sie mit mir angestellt hatten. Die Lachmuskeln von allen wurden dabei hervorragend trainiert. Tipp: Beim Kauf der Farben auf den Zusatz »leicht abwaschbar« achten. (r)

Modeschau machen!

Bevor ich Vater von zwei Töchtern wurde, habe ich mich erfolgreich um jede Modenschau gedrückt, die auch nur irgendwie in meine Nähe zu kommen drohte. Das hörte auf, als zuerst meine Tochter Julia und später auch meine Tochter Antonia Modeschauen zu einer ihrer Lieblingsbeschäftigungen machten. Für »Papa ist der Größte« gibt es dabei ein paar goldene Regeln: 1. Papa ist rechtzeitig zur Aufführung da. 2. Papa bleibt vollkommen ernst, auch wenn die Verkleidung zum Lachen reizt. 3. Papa klatscht nach jedem Auftritt. 4. Papa legt die gewünschte Musik auf. 5. Papa macht auch nach der zehnten Verkleidung noch nicht schlapp. Und wenn Papa das alles noch toppen will, sammelt er alle möglichen Accessoires in einer Kiste, die dann zur »allzeit bereiten Verkleidungstruhe« wird. (r)

Mond erklären – aber easy!

Kinder stellen viele »Warum-Fragen« und häufig ist man erstaunt, warum man sich das nicht schon selbst gefragt hat. Eine Frage, die garantiert kommt, ist die Frage nach dem sich verändernden Mond. Warum ist er einmal so groß und dann wieder so klein? Sie können dies den Kindern recht einfach erklären. Man nimmt z. B. zwei unterschiedlich große Holzkugeln – eine ist der Mond, die andere die Erde – befestigt sie auf Holzstäben oder legt sie einfach auf zwei umgekehrt gestellte Wassergläser. Sie müssen etwas verschoben direkt hintereinander stehen. Der Mond muss etwas überstehen. Danach verdunkelt man das Zimmer und richtet die Taschenlampe auf die Erde und den sich dahinter befindenden Mond. Die Kinder verstehen nun, dass das Licht nur auf einen Teil des Mondes fallen kann, er aber trotzdem komplett vorhanden ist. Die vordere Erde wirft einen Schatten auf den Mond. Rückt man den Mond weiter zur Seite, dann nimmt der Mond zu. (r)

Den Mond herunterholen!

Holen Sie den Mond ins Kinderzimmer! Packen Sie Ihre handwerklichen Fertigkeiten aus und sägen Sie aus Sperrholz oder ähnlichem Material ein lachendes Mondgesicht heraus. Das Lachen können Sie mit einem Pinsel noch deutlicher hervorheben. Lackieren Sie den Mond mit gelbem Lack, und hängen Sie ihn in der Zimmerecke so auf, dass er auch vom Bett aus gut zu sehen ist. Wenn Sie Geduld haben, sägen Sie noch eine Wolke aus, lackieren diese mit dunkelblauem Lack und bekleben sie mit phosphoreszierenden Sternen. Die leuchten schön in der Nacht. Geduld brauchen Sie übrigens nicht für das Aussägen der Wolke, das bekommen sogar Anfänger leicht hin. Die wahre Geduldsprobe ist die Befestigung der Wolke an der Zimmerdecke. (st)

Musik anhören!

Was ist, musikalisch gesehen, Ihre traumatischste Erfahrung? Wahrscheinlich ist es Ihnen nicht anders ergangen als mir: Ihre Eltern haben versucht, Ihnen ihren eigenen Musikgeschmack aufzuzwingen? Sie wollen den Fehler nicht noch einmal machen? Und gleichzeitig leiden Sie drunter, mit welchem Trash die Kids heute beschallt werden?

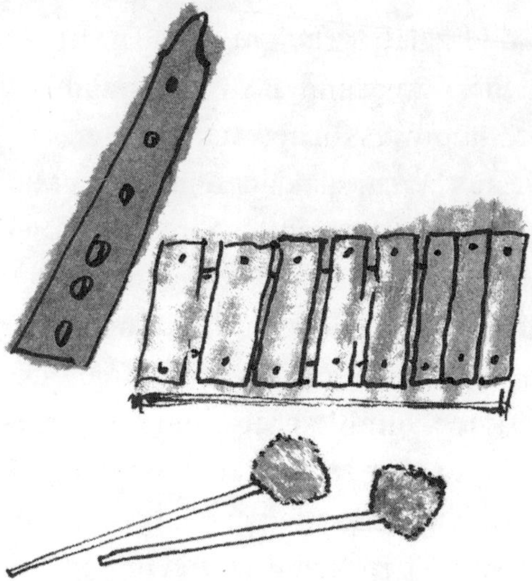

Schwer, einen Mittelweg zu finden! Da hilft nur eines: gemeinsam hinhören. Bei guter Musik erklären, warum sie gut ist. Bei primitiver Musik vorsichtig persönliche Distanz erkennen lassen. Und wenn Ihr Kind gar ein Musikinstrument lernt, brauchen Sie sich keine übertriebenen Sorgen zu machen. (st)

Musik machen (lassen)!

»Papa, ich will ein Instrument lernen!« Zeitung weggelegt und höchste Aufmerksamkeit: Jetzt und nur jetzt haben Sie die einmalige Chance, das Ganze in die richtigen Bahnen zu lenken. Es

M

kommt nämlich entscheidend darauf an, ob Sie das richtige Instrument für das Kind finden. Einfach nur »Klavierstunde buchen« könnte nämlich der falsche Weg sein. Ihr Kind ist vielleicht ein eher sozialer Typ und ihm wäre eher mit einem Instrument geholfen, das man besser in der Gruppe spielen kann. Hier hilft nur ausprobieren – und das geht ohne weiteres. Es kostet den besten Papa der Welt nur ein bisschen Zeit. Jeder Musiklehrer ist bereit für eine kostenlose Probierstunde. Sagen Sie ihm gleich, dass Sie noch nicht wissen, welches Instrument eigentlich das richtige für Ihr Kind ist. Sprechen Sie auch einmal mit der örtlichen Musikschule. Viele Musikschulen bieten einen Tag der offenen Tür an und beraten da übergreifend. Dann gibt es Kinder- und Jugendorchester, die auch ausbilden. Und schließlich sollten Sie den Musiklehrer an der Schule nicht vergessen. Er kennt Ihr Kind und kann Ihnen wichtige Hinweise für das passende Instrument geben. (l/m)

Muttertagsgeschenk basteln!

»Papa, was schenke ich Mama zum Muttertag?« Darüber grübeln Sie auch schon mehrere Wochen? Dann setzen Sie sich doch mit Ihrer Tochter zusammen und basteln Sie für Mama ein ganz persönliches Schmuckstück. Wie wäre es mit einer hübschen Kette für die nächste Faschingsfete? Ein Lederband bekommen Sie im Fachhandel, und Material zum Auffädeln finden Sie im Garten, am Teich oder im Wald: Kiesel, Schneckenhäuser, Muscheln etc. (l)

M

Natur erforschen!

Wir gehen auf Forschungsreise. Auch Alexander von Humboldt war mal Kind. Heute sind wir als Naturforscher unterwegs. Die »wilden« Tiere, die wir suchen, leben verborgen unter altem Holz und da, wo es etwas feucht ist. Wir suchen Kellerasseln und Schnecken. Die Asseln stoßen wir mit einem Holzstäbchen an und schauen, wie sie sich in Kugeln verwandeln. Die lassen wir dann die Außentreppe runter rollen. Die Schnecken setzen wir ins Gras und warten, bis sie ihre Fühler wieder herausstrecken und zu kriechen anfangen. Wir suchen die Schnecke mit dem schönsten Gehäuse. Das kann ganz schön dauern. Überzeugen Sie Ihr Kind davon, dass es besser ist, das Gewürm draußen zu lassen. Es könnte sonst unliebsame Überraschungen im Schlafzimmer geben. (t)

Naturexkursionen machen!

Wahrscheinlich waren Sie nicht dabei, als vor 65 Millionen Jahren ein großer Meteor in Mexiko einschlug und das Ende der Dinosaurier einläutete? Aber auch in Deutschland lassen sich eindrucksvolle Spuren finden. Fahren Sie doch mit Ihrer Tochter nach Nördlingen ins Ries, steigen Sie mit ihr auf den Daniel und zeigen Sie ihr, welch riesigen Krater ein Meteoriteneinschlag hervorbringen kann. Aber auch sonst bietet die Natur tolle Schauspiele, die einerseits anziehend sind, andererseits viel über die Geschichte der Erde und der Natur verraten. Denken Sie an Wasserfälle, Quellen, Maare, Höhlen, Schluchten usw. (l)

N

Die Nebelhexe austricksen!

An manch einem nebelverhangenen Morgen hat meine Töchter und mich auf dem Weg zum Kindergarten die Nebelhexe verfolgt. Deutlich hörten wir das unheimliche Raunen, das aus den Dunstschleiern zu unseren Ohren drang. Auf den halbhohen Mauern, welche die Vorgärten der Häuser manchmal einrahmen, waren die Kinder in Sicherheit. Auch Rosmarin können die Nebelhexen nicht riechen und es ist immer gut, etwas in der Tasche zu haben und es im geeigneten Moment aus der Tasche zu ziehen und der Nebelhexe entgegenzuhalten. Die letzten 20 Meter bis zur Eingangstür des Kindergartens sind wir immer gelaufen und haben es gerade so eben geschafft, ihr zu entkommen. Mit Papa rennt es sich halt schneller. Noch als wir die Tür schlossen, hörten wir das wütende Kreischen der Nebelhexe. (r)

Nikolaus spielen!

»Alles kannst du von mir verlangen – aber das bitte nicht!«, sagte ich zu meiner Frau, als sie das Ansinnen an mich herantrug, an einem 6. Dezember habe ein richtiger Vater gefälligst in einen weißbärtigen Bischof zu mutieren, der den Kindern aus dem goldenen Buch vorliest. Da Wi-

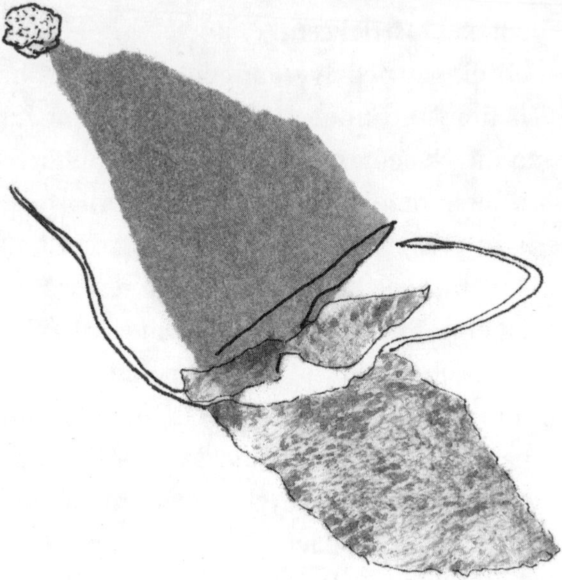

derstand zwecklos war, habe ich es durchgehalten bis unser Ältester zwölf Jahre alt war. Konnte ich am Anfang meine wahre Identität noch verbergen, so musste ich mit den Jahren viel Hohn und Spott ertragen. Spaß beiseite: Ich bin mir sicher – der Nikolaus »covered by Papa« wird später sicherlich zu den liebenswerten Erinnerungen unserer Kinder zählen. (m)

Notlügen – aber richtig!

Ihr Kind hat die Hausaufgaben in Mathe verschwitzt und weiß nicht mehr, was es machen soll. Es ist schon 7.15 Uhr und die Stunde beginnt um acht Uhr. Dann gibt es nur noch die Alternative: zusammenhalten oder übereinander herfallen. In der Regel sieht die Reihenfolge umgekehrt aus (zuerst fällt man übereinander her und dann hält man zusammen). Schreiben Sie an den Lehrer oder die Lehrerin, dass die Tochter aufgrund einer Magenverstimmung leider nicht in der Lage war, die Hausaufgaben zu machen (von einer Verstauchung der Hand zu sprechen ist zu heikel und aufwändig, da müssten sie ja auch noch schnell einen Verband zaubern!). Sie kennen ähnliche Situationen? Nicht immer, aber immer wieder ist Papa der »Rettungsanker« und das ist auch gut so. (r)

Notrufnummer immer griffbereit haben!

Sie selbst leiden nicht an Allergien? Ihre Frau hat die ersten sechs Monate gestillt, wie von der Hebamme vorgegeben? Ihr Sohn ist die ersten neun Monate nie krank gewesen, abgesehen von kleineren Schnupfenattacken? Das alles hilft Ihnen leider auch nicht, wenn Ihr Jüngster die vom Vorabend übrig gebliebene Dose »Erdnüsse – gesalzen« entdeckt und die Reste gierig verschlingt ... und just in diesem Moment sich herausstellt, dass Ihr Sprössling rot anläuft, sein Körper sich mit

N

roten Pusteln überzieht und sein Gesicht anfängt anzuschwellen. Spätestens da sind Sie dankbar, die Nummer des »Kinderärztlichen Notdienstes« griffbereit zu haben. (st)

O

Obst »frisieren«!

Obst ist doch sooo gesund! Glaubt Ihnen kein Kind. Dann weiß ich ein neues Hobby für Sie. Entdecken Sie die Schnitzkunst und schnitzen Sie aus einem Apfel ein Boot oder einen kleine Korb oder ... Mobilisieren Sie mal Ihre Phantasie, und der Apfel ist schneller weg, als Sie schnitzen können. (k)

Omas ausbremsen!

Es ist wunderschön, wenn es noch eine Oma und einen Opa in der Familie gibt. Aber Vorsicht! Manchmal können die lieben alten Herrschaften zu einem gefährlichen Faktor in der Familie werden. Ganz böse kann es sich entwickeln, wenn sie sich ungefragt in Erziehungsfragen einmischen. Hier müssen Sie klar und bestimmt Grenzen aufzeigen. Opa und Oma haben ihren Job bei Ihnen getan. In Ihrer Familie geben Sie und Ihre Frau die Linie vor. (sch)

Zur Oma fahren!

Wir fahren zur Oma. Wenn alle Stricke reißen, die Männer-WG voll ist mit Kindern und Krawall, dann suchen wir den Verwöhnpunkt Nummer eins auf. Wir fahren zur Oma. Oma geht mit dem kleinen Mann im Dorf rum. Oma kocht sein Lieblingsessen. Oma kauft einen neuen Pullover mit einem Bären drauf. Oma gibt heimlich Schokolade. Oma schmust und spielt und hat so viel Geduld. Oma ist einfach das »Verwöhn-Aroma«. Und außerdem ist es auch wichtig, dass unsere Kinder auch die ältere Generation hautnah miterleben. (t)

Ostereier suchen!

Die ältesten Gags sind immer noch die größten Bringer. Nehmen Sie die Fährte des Osterhasen auf! Mehrfach haben wir ihn nur ganz knapp verfehlt. Ostereier suchen – das ist so ein unvergänglicher Klassiker! Er stellt höchste Anforderungen sowohl an Mama wie auch an Papa, dem hier eine Schlüsselrolle zukommt. Während Mama die Kiddies beständig zum Suchen animiert (»Ja, ich an deiner Stelle würde mal hinterm Baum nachschauen!«), befleißigt Papa »Pokerface« sich denkbarer Zurückhaltung. Natürlich hat er die Taschen voll von den herrlichsten bunten Schokoladeneier, die er stra-

tegisch günstig »positioniert«, will sagen: fallen lässt. Manchmal sogar zweimal. (m/r)

Outdoor-Event inszenieren!

Es wird ja gern und oft gejammert über den Verlust der Fantasie unserer Kinder, und wie schön es doch damals war, so ganz ohne Fernseher und überhaupt. Alles Quatsch. Sie wollen's wissen? Dann stellen Sie an einem Sonntag Ihrer Wahl den Wecker auf eine Stunde vor Anbruch der Dämmerung, packen Kind und Kegel ins Auto und fahren in den nahe gelegenen Forst, wahlweise Stadtwald. Und erleben eindrucksvoll, wie sich mit langsam einsetzender Dämmerung die Fantasie zu regen beginnt – nicht nur die Fantasie Ihrer Kinder ... (k)

O

Outdoor-Trucking!

Die meisten Kinder bekommen ja von Opa mittlerweile diese Monstertrucks in immer größeren Dimensionen und größeren Reifen geschenkt. Leider erschöpft sich der Spaß am Hin-und-her-Schieben in der Wohnung sehr bald. Aufwerten kann man das Geschenk, wenn man den Truck ins Freie mitnimmt. Gehen Sie mit Ihrem Kind auf den nächsten Hügel und lassen Sie Ihren kleinen Autofan den Truck über den Berg hinunterrollen. Wenn es den Karren dann überschlägt und dieser mit schwirrenden Rädern auf dem Dach liegen bleibt, dann haben Sie Ihrem Kind Spannung auch mal ohne Fernsehen geboten. »Papa, noch mal« hält Sie überdies fit. (t)

P

Papa-Bashing ertragen!

Irgendwann kommt der Tag, an dem Ihre Kinder beginnen, mit dem Namen »Papa« zu spielen. Auch wenn Sie persönlich die Bezeichnung »Papi« als verniedlichend empfinden – je cooler Sie reagieren, umso eher werden die Koseformen zu Papa wieder verschwinden. Seien Sie froh, wenn es bei »Papi« bleibt. Zu »Papa« gibt es noch ganz andere Varianten. Wenn die Pubertät kommt, könnte es Ihnen passieren, dass jemand »He, Alter« ruft. Und wenn's denn so weit ist: Nehmen Sie's als dezenten Hinweis darauf, dass Sie keine 17 mehr sind und das Ende der Erziehungszeit naht. Auch diese Phase geht vorüber. (st)

Pastete backen!

Das ist Papas Rezept – und alle Kinder können mitmachen. Beim »Türken« besorgen Sie eine Packung dieses hauchdünnen Teiges, den man in mehreren Lagen übereinander befüllen kann. Papa nimmt das Backblech, legt Backpapier drauf, dann kommt die erste Lage Teig – dann kommt Kind 1 (sagen wir mal) mit Spinat und Kräuterkäse – dann kommt Papa mit der nächsten Lage Teig – dann kommt Kind 2 (sagen wir mal) mit Hackfleisch – dann kommt Papa mit der nächsten Lage Teig – dann kommt Kind 3 (sagen wir mal) mit gewürfelten Tomaten- und Paprikastücken und Emmentalerkäse – dann kommt Papa mit der Abschlusslage Teig. Das Ganze wird noch mit Eigelb bepinselt und in die Röhre geschoben. Sollten Sie sieben Kinder haben: Es sind auch sieben Lagen möglich. (m)

Patenkind organisieren!

Seit zwei Jahren gehört auch noch der kleine »Suraj« zu unserer Familie. Suraj ist ein Kind aus dem indischen Bundesstaat Kerala, dessen Familie wir monatlich durch eine gewisse Summe unterstützen. Den Kontakt bekamen wir über ein Hilfswerk, das Patenschaften vermittelt. Unsere Kinder waren und sind Feuer und Flamme, haben in der Klasse sogar einmal kleine Autochen gesammelt, um sie Suraj und seinen Klassenkameraden nach Indien zu schicken. Einmal im Jahr und an Weihnachten bekommt Suraj Post – und er schreibt zurück, in einer herrlichen, uns unbekannten Schrift. Die Leute von der Hilfsorganisation sind so freundlich, uns jeweils eine Übersetzung beizufügen. (m)

Pausen einlegen!

39 Grad, windstill, 12 Prozent Steigung. Jeder, wirklich jeder liegt am Strand. Außer Ihnen und Ihrer Familie. »An den Strand können wir immer noch – heute schauen wir uns mal was an! Wer weiß, wann wir wieder hierher kommen!« Das hatte Ihnen schon am Morgen feindselige Blicke eingetragen. Ihre gutgläubigen Kindern hatten so sehr auf Ihre Aussage vertraut: »Diesmal liege ich nur am Strand. Ich bin so kaputt. Ich brauch' Erholung pur. Et cetera, et cetera, et cetera ...« Und jetzt klappern Sie mitten in der Bruthitze eine Reiseführer-Sehenswürdigkeit nach der anderen ab? Vielleicht tut's eine weniger? Auf jeden Fall wird es Zeit für eine Pause und damit für eine Riesenportion Eis. Kultur hat eben seinen Preis! (st)

Pfandflaschen gemeinsam entsorgen!

Mittlerweile gibt es in den Supermärkten ja oft Automaten zur Pfandflaschenrückgabe. Komischerweise finden Kinder es superspannend, die Flaschen in die Maschine einzugeben und zu sehen, wie das Leergut rumpelnd im Nichts verschwindet. Als Krönung muss man den Kleinen hochheben und die grüne Bontaste drücken lassen. Tipp: Wenn Sie ältere Kinder haben, dann lassen Sie die Flaschen von denen entsorgen, und zwar zur Taschengeldaufbesserung! Die Kinder lernen gleich mehrere Dinge: Umweltbewusstsein, Sparsamkeit, Arbeit bringt Verdienst. Bloß sollten sie nicht auf den Gedanken kommen, sämtliche Abfallkübel durchzuwühlen, um weiteres Leergut zu beschaffen. Manche Menschen leben davon, die Konkurrenz ist groß. (t)

Pfannenzaubern!

Sie kennen Raschmigendi nicht? Bei uns heißt das aber so. Mama ist unterwegs, die Kinder haben Hunger – jetzt schnell ein Mittagessen zaubern, aber was? Nehmen Sie einfach, was im Kühlschrank ist: ein paar Kartoffeln und Nudeln, Karotten, Gurken, Zwiebeln und anderes Gemüse, Würstchen und die Reste vom gestrigen Gulasch. Alles klein hacken, in eine Pfanne geben und vor sich hin köcheln lassen, bis es fertig ist. Kinder, Essen ist fertig! Papa, sagen die Kinder, kocht viiiel besser als die Mami. Haben die eine Ahnung! (l)

Pfannkuchen backen!

»Essen, essen!« – und das möglichst schnell und ohne großen Aufwand? Okay, dann machen wir eben gleich mal Pfannenkuchen! Man nehme 150 g Mehl, 3 Eier, $^1/_8$ l Milch und eine kleine Prise Salz und verrühre diesen Teig gründlich. Das kann Mama auch. Doch wir peppen das Ganze noch mit einer kleinen Showeinlage auf. Wir drehen die Pfannenkuchen nicht mit dem Heber um – nein, Papa wirbelt die Pfannkuchen durch die Luft, damit Sie auf der ungebackenen Seite wieder in der Pfanne aufkommen. Außerdem sparen wir nicht mit der Lieblingsmarmelade. Bitte üben Sie den lässigen Handschwung vorher, damit die Vorstellung nicht peinlich wird und das heiß begehrte Essen auf dem Boden endet. (t)

Pferd herbeizaubern!

Sie sind nicht Rockefeller und die letzte Gehaltserhöhung liegt auch schon eine Zeit lang zurück? Außerdem sind Sie der Meinung, dass man im Alter von vier nicht unbedingt schon ein eigenes Pferd haben muss? Trotzdem – einer wie Sie kneift nicht! »Ein Pferd willst du? Kein Problem!« Dann begeben Sie sich in die Position »alle viere« und seien Sie selbst das Pferd. Wenn Sie es schaffen, sollten Sie gelegentlich wiehern (es gab da mal einen Film ...). Macht die ganze Geschichte noch authentischer. Sie machen Ihrem Kind mehr Freude, als wenn Sie ihm einen arabischen Vollbluthengst schenken. (st)

P

Pflanze schenken!

Wenn ein Haustier nicht möglich ist, dann tut es auch eine eigene Pflanze, um die sich unser Kleingärtner kümmern könnte. Jeden Morgen muss gegossen werden. Vielleicht auch mal ein wenig düngen. Bei kleinen Kindern eignet sich natürlich am besten etwas, das schnell wächst. Amaryllis ist eine gute Idee, weil man da zusehen kann, wie diese wächst und am Schluss eine wunderschöne Blüte bekommt. (t)

Pflastern und Doktor spielen!

Au weia, da hat sich jemand in der Familie geschnitten, da muss ein Pflaster drauf. Bewahren Sie Ihr Kind nicht vor dem Anblick von Blut. Zeigen Sie ihm die Wunde und wie man sie versorgt. Erklären Sie, worauf es ankommt, wie man sie reinigt, desinfiziert, wo die entsprechenden Dinge im Haushalt zu finden sind, wenn Ihr Kind sich einmal verletzt und gerade niemand in der Nähe ist. Erklären Sie, dass es wehtut. Lassen Sie das Kind das Pflaster (mit) auflegen. Wahrscheinlich möchte Ihr Kind jetzt mitfühlen. Kleben Sie ihm auch ein Pflaster auf! Aus so einer Situation kann sich leicht ein kleines »Doktorspiel« entwickeln (ich meine das jetzt ohne Doppeldeutigkeit): Machen Sie Ihr Kind auf spielerische Weise mit erster Hilfe, dem Medizinschrank, der Notrufnummer usw. vertraut. Auch dass man an etwa herumliegende Tabletten auf keinen Fall drandarf usw. (t)

Picknick machen!

Das ist die logistische Herausforderung für Papa: ein traumhaftes Picknick mit allem, was dazugehört: 1. der ideale, vorher erkundete Platz (eine Stel-

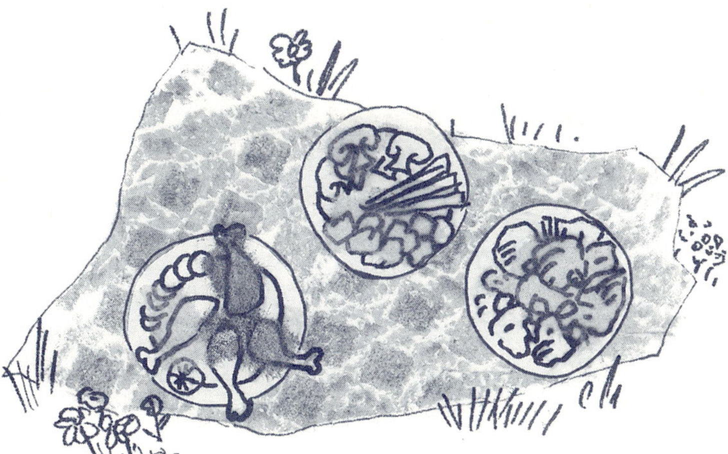

le am Fluss, am See, an einem Waldrand, auf einer Anhöhe, unter einem schönen Baum?); 2. Decken, Geschirr, Getränke, ein »Fresskorb« mit erlesenen Feinheiten, Badesachen; 3. der ideale, sonnenüberflutete Morgen eines Ferientages, an dem keiner was ahnt und an dem Sie Ihre Lieben überraschen: »Zieht euch an – wir fahren weg. Es ist alles gepackt und schon im Auto. Ihr müsst nur noch einsteigen.« (m)

P

Pieselevent!

Nehmen Sie Ihren Knaben schon frühzeitig mit auf die Toilette. Es ist halt mal ein menschliches Bedürfnis und deshalb das Natürlichste auf der Welt. Wenn es so schön plätschert, möchte er das natürlich auch können – wie die richtigen Männer. (t)

Unter die Piraten gehen!

Sie hätten besser nichts von den wilden Piraten erzählt. Es hilft nichts. Jetzt muss das alte Schlauchboot aus der hintersten Ecke hervorgeholt und geflickt werden. Auf ein altes weißes T-Shirt pinseln Sie einen schwarzen Totenkopf, das Sie dann am Boot flattern lassen. Am nächsten Baggersee lassen Sie das Boot zu Wasser und schon können die »wilden Piraten« die »Weltmeere« unsicher machen. (st)

Pizza machen!

Schnell was aus der Dose zaubern oder doch den Pizzadienst kommen lassen? Wie wär's, wenn Sie die Pizza selbst machen, und Ihre Tochter hilft kräftig mit? Sie wissen nicht, wie es geht? Einfach das Internet anwerfen. Auf diversen Seiten findet sich ein Grundrezept – man kann es beispielsweise unter www.icook.de oder unter www.Marionskochbuch.de nachlesen. Der Teig ist im Nu fertig, und dann darf jeder nach Lust und Laune seine eigene Pizza belegen. Sie müssen nur dafür sorgen, dass genügend Salami, Schinken, Käse, Tomaten, Zwiebeln, Oliven, Kapern, Eier, Sardellen usw. im Haus sind. (l)

Pizzateig organisieren!

... und Sie haben definitiv keine Lust, heute Abend noch in die nächste Pizzeria zu gehen, geschweige denn, dass Sie Zutaten für einen Pizzateig zu Hause hätten. Gehen Sie doch in die Pizzeria um die Ecke und lassen Sie sich einen Pizzateig geben. Für wenig Geld ersparen Sie sich mühsame Knetereien und das Belegen der Pizza »Fantasia« macht sicher viel Spaß. Mit mehreren Kindern als Pizzabäckern und diversen Zutaten lässt sich auch ein kleiner Wettbewerb »Wer macht die originellste Pizza?« improvisieren. (st)

Platten auflegen!

Sie haben sie doch noch? Die heißen Singlescheiben oder LPs Ihrer Jugend? Vielleicht müssen Sie ein bisschen kramen auf dem Speicher, aber irgendwo müssen sie doch sein. Führen Sie Ihren Kindern mal die Hits Ihrer frühen Tage vor! Und erzählen Sie Ihnen, wie Sie zu »A Whiter Shade of Pale« Klammerblues getanzt haben. Sie müssen ja nicht zu sehr ins Detail gehen. Und dann legen Sie »Fleetwood Mac« auf, drehen die Anlage auch für die lieben Nachbarn ein bisschen auf und hotten mal so richtig mit Ihren Kindern ab ... (m)

Plattensammlung in Sicherheit bringen!

Das ist schon so richtig. Überfordern Sie sich nicht damit, Ihrem Nachwuchs Ihre Schallplattensammlung so früh wie möglich zur Verfügung zu stellen. Mit dem ersten Kratzer, dem ersten Filzstiftstrich quer durch das Cover könnten sich ernsthafte Beziehungsprobleme ergeben. Bringen Sie Ihre Plattensammlung lieber in Sicherheit, bevor der

Nachwuchs anfängt, sich außerhalb des Laufstalls zu bewegen. (st)

Platzen!

Nichts ist schlimmer als Söhne und Töchter in der Pubertät. Da können Sie im Prinzip nur alles falsch machen. Die besten Tipps von wohlmeinenden Zeitgenossen reichen von: »Einfach nicht beachten« bis »Das wächst sich aus«. Tatsache ist aber dennoch: Wenn Sie nicht gezielt hin und wieder aus der Haut fahren und dem Kind die Grenzen aufzeigen (auch wenn es Sie zwei Tage lang nicht anschaut und überall herumerzählt, was für ein konservatives Monster Sie sind), bereiten Sie den Boden dafür, dass Ihr Kind Sie systematisch tyrannisiert und seine Macht immer weiter »austestet«. Zum Schluss können Sie nur noch »bedienen«. Also lieber mal gezielt (d. h. kühl kalkuliert, mit Beteiligung des Verstandes – nicht einfach, weil Ihnen die Galle überläuft!) platzen! (sch)

Popkonzert besuchen!

Gehen Sie mit Ihren Kindern in eines dieser abartigen Popkonzerte. Finden Sie heimlich heraus, welcher Star, welche Gruppe gerade absolut angesagt ist. Besorgen Sie die Karten. Spielen Sie den

Chauffeur. Aber hüten Sie sich, in die erste Reihe vordringen zu wollen, Ihr Feuerzeug anzuzünden, mit den Füßen zu stampfen oder sonstige gekünstelte Reaktionen von Begeisterung zu zeigen. Finden Sie es ruhig unterirdisch. Halten Sie sich dezent im Hintergrund – oder bleiben Sie gleich an der Garderobe zurück. Schon besser: Sie kämpfen sich nach gehabtem »Ohrenschmaus« zu dem Star durch und hauen für Ihre Kiddies ein Autogramm heraus. (m)

Postmann spielen!

»Papa, krieg ich keine Post?« – das fragen Kinder schon mal. Schreiben Sie Ihrem Sohn doch mal einfach so ein paar Zeilen: *»Lieber ..., geht es dir gut? Ich habe gehört, Bubär (Name des Lieblingsbären) ist ganz froh, dass es dich gibt. Er freut sich schon auf das Abendessen mit dir. Sollen wir heute Abend zusammen mit Bubär Joghurt (augenblickliche Lieblingsspeise des Empfängers) essen? Hab dich lieb, dein Papa.«* (t)

Pralinen verfertigen!

Falls Sie ein »süßer Vater« sind und es Ihnen an dem nötigen Alibi zum Verzehr von Konfiserie-Produkten fehlt, denken Sie doch an Ihre Kinder, machen Sie eine erzieherische Maßnahme daraus! Bringen Sie Ihren Kindern bei, wie simpel es doch ist, leckere Pralinen selbst herzustellen. Was Sie dazu benötigen, ist im Wesentlichen helle und dunkle Schokolade, die man durch Erwärmen flüssig machen kann. Außerdem Holzstäbchen sowie Früchte: Trauben, Mandarinenscheiben, entkernte Kirschen, Bananenschnitten etc. Wenn Sie die Früchte in die Schokolade eingetaucht haben, können Sie die Außenseite noch durch Kokosflocken, Sesamkerne oder Knuspermüsli verfeinern. Leider müssen die Produkte zeitnah konsumiert werden. Aber man kann die Aktion ja aus erzieherischen Gründen wiederholen. (m)

P

Eigene Probleme ansprechen!

Kinder merken genau, wenn es Ihnen nicht gut geht, und es bringt gar nichts, Ihnen alles zu verheimlichen. Dass Sie in der Firma gemobbt werden, können Ihre Kinder ruhig wissen. Und dass Sie sich krumm legen müssen, um die Familie zu ernähren, dürfen sie auch wissen. Sie fühlen sich sonst nur ausgeschlossen und nicht ernst genommen. Natürlich muss man abschätzen, was man erzählen kann und es auch in die richtigen Worte fassen. Aber wenn ich es mir genau überlege, unterscheiden sich die Probleme der Erwachsenen untereinander nicht immer von den Problemen der Kinder miteinander. Manchmal haben Kinder überraschende Ideen, die weiterhelfen. (r)

P

Programmdirektor spielen!

Nach langer Diskussion bin ich von der Familie dazu »verdonnert« worden, für eine gerechtere Nutzung des CD-Spielers und des Radios während Autofahrten zu sorgen. Dabei habe ich die Aufgabe des Zeitministers, der die Fahrtzeit abschätzt und in vier gleiche Zeiteinheiten unterteilt. Jeder darf dann in seinem Zeitabschnitt bestimmen, was gespielt wird. Verlängerungen müssen alle zustimmen. So vermeiden wir Streitereien untereinander und die Kinder bekommen meine Uhr und überprüfen die Zeiten. Wenn es aufgrund eines Staus länger dauert, wird dies als höhere Gewalt akzeptiert. (r)

Purzelbaum schlagen!

Wenn der Bewegungsdrang Ihres Kindes groß ist, er sich aber nur in Balgereien und Aggressivität niederschlägt, dann ist es Zeit, die Kräfte umzulenken – in Spiele draußen oder Turnen drinnen. Wenn Sie nicht immer das Wohnzimmer-Sofa zur

Seite rücken wollen, könnten Sie vielleicht auf dem Dachboden eine Fläche mit Matten oder Decken auskleiden, damit man dort nach Herzenslust Toben und Turnen kann. Wo auch immer – machen Sie vor Ihrem Dreikäsehoch mal einen Purzelbaum – falls Sie dazu in der Lage sind. Auch wenn Sie dafür keine Haltungsnoten bekommen, wird Ihr Kind begeistert sein. Selbst die ungelenke Bewegung hat einen enormen Nachahmeffekt. Die »Rolle seitlich« tut es zur Not auch. (t)

P

Q

Quatschfotos machen!

Ja, sie sind selten geworden, aber es gibt sie immer noch, die guten alten Passbildautomaten in Bahnhofshallen und Einkaufszentren. Opfern Sie doch mal ein paar Euro und machen Sie mit Ihrer Tochter Quatschfotos: Zunge rausstrecken, Augen verdrehen, Grimassen schneiden – Sie werden sich köstlich amüsieren. Und Sie haben was für die »Ewigkeit«! Noch Ihre Enkel werden sich im Jahr 2047 dran freuen, wenn sie in einem alten Fotoalbum auf dem Dachspeicher einen Opa aus unvordenklichen Zeiten sehen, der offenkundig mal echt gut drauf war. (l)

Quizmaster spielen!

Auf langen Autofahrten, wenn alle anderen Nummernschilder-Abzählspiele schon aufgebraucht sind, ertönt meistens ein »Papa, mach doch ein

Quiz mit uns!« aus dem Fond. »O. K.«, seufze ich: »Wann wurde Mozart geboren?« – »Papa, 1756! Nicht immer diese blöde Frage, das habe ich schon als Vierjährige gewusst! Frag lieber was zu Autos!« – »O. K. Was ist ein Cabrio?« – »Ein offenes Auto!« – » Und was bedeutet das italienische Wort brio?« – »Keine Ahnung!« – »Feuer!« – »Und was hat das denn mit offenen Autos zu tun?« – »Keine Ahnung!« – »Siehst du, Papa, du weißt es ja selber nicht. Und du willst Quiz mit uns machen!« (m)

R

Raclette organisieren!

Wenn Sie noch kein Raclette-Gerät (oder einen »heißen Stein«) haben – gehen Sie hin und kaufen Sie sich einen! Für Raclette lassen die Kiddies jeden Fernsehabend sausen. Es bringt die Familie an einen Tisch, ist ein richtiger kreativer Ess-Spaß mit Gucken und Probieren – und es dauert ... Allein schon die Vorbereitung, das Einkaufen! Es kann praktisch alles auf den Tisch, was man in kleinen Pfännchen brutzeln kann, dazu diverse Gewürze, Dips, Gürkchen, Mais, Salat usw. Der Fantasie sind praktisch keine Grenzen gesetzt. Noch ein Tipp: Raclette ist ideal an Silvester oder auch wenn eine befreundete Familie kommt. (m)

Rätsel stellen!

Viele Kinder (wenn nicht vielleicht alle) lieben Rätsel, und daher bin ich immer froh, irgendwo ein Rätsel aufzuschnappen und es mit nach Hause zu bringen. Eines unserer Lieblingsrätsel stelle ich vor: Vier chinesische Manager werden wegen Korruption zum Tode verurteilt. Kurz danach stellt man ihnen ein Rätsel, mit dessen Lösung sie sich retten und als freie Männer weiterleben können. Sie werden alle bis zum Hals in die Erde eingegraben, so tief dass sie den Kopf nicht wenden können. Zwischen den Vieren wird eine Wand aufgestellt, hinter der sich einer von Ihnen befindet, der die anderen drei nicht sehen kann und auch von Ihnen nicht gesehen werden kann. Bei den drei anderen ist es so, dass der Zweite den Ersten sieht und der Dritte die ersten beiden. Ihnen allen werden Hüte aufgesetzt, von denen zwei weiß und zwei schwarz sind. Keiner kennt die Farbe des eigenen Hutes. Wenn nun einer von Ihnen innerhalb von 15 Minuten die Lösung findet, dann sind alle gerettet. Die Farbverteilung ist alternierend, was sie selbstverständlich nicht wissen. Der erste Manager hinter der Wand hat einen weißen Hut auf, der nächste einen schwarzen Hut, dann wieder ein weißer Hut und zuletzt ein schwarzer Hut. Die vier dürfen nicht miteinander reden. Nach 5 Minuten hat einer von ihnen das Rätsel gelöst. (r)

Rallye fahren!

Einkaufen gehen mit einem Kleinkind – gar nicht so einfach! Das Kind, so will es der Discounter, soll eingezwängt werden in die vorhergesehene Vorrichtung am Einkaufswagen. Das ist mir ein Gräuel. Muss doch nicht sein! Wir Papas haben das im Griff! Stellen wir doch das Kind in den Wagen. Fahren wir mal Rallye zwischen den Regalen. Erst packen wir mal zur Tarnung einen Pack Katzenstreu in den Wagen (Geheimtipp: optimales Polster bei scharfen Kurven!). Und los – dann zeigen wir mal, was die Kiste so draufhat. Bitte vorher Strecke abchecken, damit es nicht zu Kollateralschäden kommt und Sie plötzlich statt eines Kindes auch noch eine Oma im Wagen haben. Ansonsten: Sollen die anderen doch denken, was sie wollen. (t)

Rasen kaputtmachen!

Wenn Ihnen Ihr Rasen so heilig ist wie der von Wimbledon, hätten Sie sich das mit den Kindern besser noch mal überlegt. Die nächsten 15 Jahre gehört das Green Ihren Kindern. Und Sie sollten das nach Kräften unterstützen. Entweihen Sie ihn erst durch einen Sandkasten (wird in 5 Jahren zu einem tollen Kräuterbeet!), traktieren Sie ihn dann

durch den Bau einer Schaukel, dann eines Gartenhäuschens. Schon kommt die Zeit, wo Sie Kinderzelte mit Heringen (Vorsicht: Rasenmäherkiller!) sichern, und endlich auch der Tag, an dem Sie Torpfosten einpflanzen werden für des Rasen vornehmste Bestimmung – als Fußballacker. Und wenn Sie ein Supervater sind, stechen Sie noch einmal fünf Quadratmeter raus, damit Ihr Kind endlich sein eigenes Blumenbeet bekommt. Kleiner Tipp: Erbsen und Sonnenblumen – das geht immer. (m)

Rasenmähen!

Mähen Sie doch zusammen den Rasen. Vor allem wenn der Nachwuchs noch sehr klein ist, sind Sie dabei auf jeden Fall der Held. Der Papa, das ist der Mann, der eine so große und gefährliche und laute Maschine bändigen kann. Anschließend können Sie gemeinsam das Gras einsammeln und über die große und gefährliche und laute Maschine fachsimpeln. Stellen Sie sich darauf ein: Nachdem Sie einmal diese große und gefährliche und laute Maschine so toll gebändigt haben, wird der Befehl »Gehen wir Rasenmähen« jeden Tag an Sie herangetragen werden. Sie können ja überlegen, ob Sie nicht einen Nachbarschaftsdienst anbieten sollten, um die hohen (Strom- oder Benzin-)Kosten wieder hereinzuholen. (st)

R

Rasenmuster mähen!

Immer nur von Kante bis Kante mähen – das ist doch öde! Machen Sie mit Ihren Kindern doch mal ein Plänchen, wie man den Rasen »kreativ« mähen kann. (Das ist überhaupt so ein fieser Trick: Diskutieren Sie mit Ihren Kindern nicht über das »Ob«, sondern über das »Wie«). Beispielsweise könnten Sie im Frühling kleine Kreise im Rasen stehen lassen, wo die Margeriten besonders schön blühen. Oder man kann ein Labyrinth in den Rasen mähen. Oder man kann große Initialen in den Rasen mähen. Oder man kann Bahnen ziehen, bei denen jeweils die Höheneinstellung der Maschine verändert wird – so entstehen schöne Streifen. Oder man kann den Rasen »rund« mähen und zwischen den einzelnen Bahnen jeweils ein paar Hälmchen stehen lassen. Oder man kann den Rasen auf »Picasso« stylen. Wetten, dass Ihren Kindern noch mehr einfällt? (m)

Rauchen aufhören!

Ihr Kind ist zwei Jahre alt und behauptet stolz »bin schneller«, obwohl es immer hinter ihnen herläuft? Könnte es sein, dass Ihr Nachwuchs Sie nur auf etwas vorbereitet? Dass Ihrem Nachwuchs klarer als Ihnen bewusst ist, dass Ihnen durch Ihre Rauchgewohnheiten irgendwann die Luft ausgehen wird und es tatsächlicher schneller beim Bäcker ankommt als Sie, der doch öfter mal Pausen einlegt? Im Ernst: Rauchen verringert die Lebenserwartung um 5–9 Jahre! Man lebt also um etwa 10 Prozent weniger lang als ein Nichtraucher. Ihre Kinder brauchen Sie demnächst noch. Die Tabakindustrie wird Ihre Untreue verschmerzen. (st)

Reisebuch machen!

Legen Sie die Fotos vom letzten Urlaub nicht in die große Kiste – und werfen Sie die angesammelten

Kleinigkeiten (Eintrittskarten, Postkarten, Restaurantquittungen etc.) nicht weg. Besorgen Sie sich ein Fotoalbum oder eine große Ringbuchkladde für kräftige Einzelblätter, halten Sie Filzschreiber, Buntstifte, Schere, Klebstoff und Papier bereit und laden Sie Ihre Familie zu einem »Wir-machen-ein-Buch-Abend« ein. Es soll ein ganz buntes Buch vom letzten Urlaub werden: mit Fotos, Postkarten, lustigen Erinnerungen, Stickern, Belegen, kleinen Zeichnungen – alles hat Platz und jeder darf mitmachen. (m)

Reiten an Silvester verhindern!

Falls eines Ihrer Kinder reitet, dann wissen Sie ja um den üblichen Fahrservice, die Ausstattung und den Zeitaufwand. Und trotzdem kommt man gerne der Leidenschaft der Kinder entgegen, auch wenn man eine gewisse Unfallgefahr – wie immer im Leben – nicht ausschließen kann. Einen Tipp gebe ich Ihnen aber auf jeden Fall. Falls der Pferdehof nicht in vollkommener Abgeschiedenheit liegt, halten Sie Ihre Kinder davon ab, in der Silvesterwoche zu reiten. Die Pferde sind durch die Knaller nervös und die Gefahr eines Unfalls steigert sich dadurch. Meine Tochter hat sich am Tag vor Silvester den Arm gebrochen und insgesamt sind an diesem Tag drei von fünf Kindern von ihren Pferden abgeworfen worden. (r)

Billiger Reiten im Osten!

Das Reiten der Kinder geht ganz schön heftig ans Portemonnaie – das wissen alle Eltern. Wenn Sie etwas auf die Euros achten müssen, empfiehlt sich ein Urlaub in Polen, Tschechien, der Slowakei oder in Ungarn, wo die Preise für die Reitstunde noch deutlich unter dem Westniveau liegen. Ehrlich gesagt fuhren wir nur aus diesem Grund in die ungarische Puszta, in die Nähe der Stadt Kecskemet. Die Kinder – wir haben sie während unseres Ungarnaufenthaltes nicht allzu häufig zu Gesicht bekommen – erzählen noch heute von den traumhaften Ausritten durch eine wildromantische Landschaft. Und ihre Eltern haben ein Land kennen und lieben gelernt, das unberechtigterweise im Schatten anderer Destinationen liegt. (m)

Reiterferien machen!

Wenn Sie Töchter haben und die in einem Alter zwischen 8 und 15 Jahren sind, dann sollten Sie den alten, erprobten Strandurlaub auf Juist, Fuerteventura oder Mallorca eintauschen gegen drei Wochen Reiterferien auf dem Bauernhof. Sie werden aus dem Staunen nicht herauskommen: Vom ersten Hahnenschrei bis zum Einbruch der Dunkelheit werden Sie sich – endlich – ausschließlich Ihrer Frau widmen können, um dann zu später Stunde völlig ermattete, aber absolut glückliche Töchter ins Bett sinken zu sehen. Als toller Vater schlagen Sie natürlich nach spätestens zwei Wochen eine gemeinsame Nacht mit Schlafsack und Taschenlampe auf dem Heuschober vor. (k)

Reparieren statt wegschmeißen!

Wenn der Kummer groß ist, weil am Lieblingsfahrzeug ein elementar wichtiges Teil abgebrochen ist, halten Sie eine Tube Sekundenkleber, Heftpflaster, Gewebeband etc. bereit, um den »Patienten« wenigstens wieder notdürftig zusammenzuflicken. Es ist nicht gut, wenn Kinder bei ihren Eltern diese Ex-und-hopp-Mentalität spüren: »Was, kaputt? Weg mit dem Zeug! Morgen kaufen wir dir was Neues!« Kinder haben zu ihren Dingen eine emotionale Beziehung. Und Papa muss die respektieren. Der kann das bestimmt wieder ganz machen! Kann Papa leider nicht immer. Aber er sollte zeigen, dass er »mitleidet« und versucht, das Beste aus der Sache zu machen. Die Filia (oder der Filius) muss bei der Operation natürlich hautnah

dabei sein. Achten Sie jedoch bei Kleinkindern darauf, dass die Teile nicht sofort wieder abfallen und verschluckt werden. Dann muss die Karre vorsichtshalber gleich aus dem Verkehr gezogen werden. (t)

Risotto kochen!

Wer glaubt, dass der Spruch »Liebe geht durch den Magen« geschlechtsspezifisch sei, irrt gewaltig. Eines der Lieblingsgerichte meiner Töchter – Risotto – wird von mir gekocht, weil ich davon mehr verstehe als meine Frau, weil ich das Gericht sozusagen im Blut habe. Mein Vater stammt

R

nämlich aus dem Piemont – und dort ist eines der »Nationalgerichte« ebendieser Reiseintopf mit den ungezählten Variationen. Eine Fahrt ins Piemont, ohne dass man dort Risotto isst, kommt einem Verbrechen gegen die Kultur gleich. Die Gaumen meiner Töchter habe ich mit Risotto im Sturm erobert, und wenn ich ihn koche, bekomme ich von Antonia einen Kuss auf die eine Wange und von Julia einen Kuss auf die andere Wange. Ach, ich liebe es, so geliebt zu werden. Und wenn Sie gar nicht wissen, was Risotto ist und wie einfach Risotto zu kochen ist, dann schauen Sie mal im Internet, etwa bei www.risottodirk.de. (r)

Robinson Crusoe ins Wohnzimmer verlegen!

Wieder so ein verregnetes Wochenende. Das Hallenbad ist überfüllt und alle spannenden Kinofilme längst gesehen. Da wird der Wohnzimmerteppich zur rettenden Insel! Umspült vom Parkett-Fußboden, umzingelt von gefräßigen Haien in Gestalt von Sofakissen, versuchen wir es uns auf dem kleinen Eiland so wohnlich wie möglich einzurichten. Nur mit dem Nötigsten ausgestattet, beginnen wir zu improvisieren: Aus dem Oberhemd wird ein Zelt, aus dem Wohnzimmersessel wird ein Ausguck, die zusammengerollte Fernsehzeitschrift dient als Fernrohr. Und mit ein bisschen Glück schwemmt die Nachmittagsflut Kekse, Saft und (wir sind ja in den Tropen) Negerküsse an den Strand. (k)

Rodelbahn unsicher machen!

Da stehen Sie mit dem Nachwuchs endlich oben auf dem Rodelberg, schnaufend und schwitzend – und Ihr Sprössling deutet auf den Schlitten eines anderen Kindes: »Papa, ich will auch so einen.« Der Holzrodelschlitten hat zwar im Geschäft toll was hergemacht, vom Preis mal ganz abgesehen. Aber hier oben, in der »Einsamkeit der Berge«, merken sogar Sie, dass er ganz schön alt aussieht. Gegen die Bobschlitten mit Lenkrad, die Hartplastikschalen in Neonfarben, selbst gegen die Plastiktüten von Aldi wirkt das Holz wie ein Relikt aus längst vergangener Zeit. Na, zeigen Sie halt, was in solch einem Holzrodelschlitten steckt! Bleiben Sie einfach cool: bis zum Alter von 3 Jahren können Sie noch gut mit Geschwindigkeit punkten. Gerade runter! Bloß nicht mit den Füßen bremsen. Wenn es geht. (st)

Rücken kraulen!

In meiner Studentenzeit habe ich bei diversen Gelegenheiten meiner Frau den Rücken gekrault und habe nicht im Entferntesten daran gedacht, dies später einmal auch bei meinen Töchtern tun zu müssen. Gute Krauler müssen lebenslang kraulen – und zwar die ganze Familie. Mittlerweile kraule ich vor dem Einschlafen, am Strand und nach dem Aufstehen den Rücken, zum Glück nicht jeden Tag. Variiert wird das Ganze durch Buchstaben- und Zahlenspiele. Ich zeichne mit dem Finger z. B. Buchstaben auf den Rücken, und die solchermaßen Gekraulten müssen zuerst raten, welche Buchstaben es sind, und später, um welche Wörter oder welche Sätze es sich handelt (z. B. der Satz: Ich habe schon seit einer halben Stunde keine Lust mehr). (r)

Rucksack anschaffen!

Viele Väter besitzen heute einen Rucksack statt einer Aktentasche. Man kann dem Filius eine große Freude machen, wenn er auch einen kleinen Rucksack bekommt. Das verbindet. Da sind dann eine »Brotzeit« drin, die Windel und das Lieblingsauto. (t)

Ruhe am Strand mit dem peruanischen Trick!

»Papa, bauen wir eine Sandburg?« Die erste, zweite und dritte haben ja noch Spaß gemacht, aber langsam kommt Ihnen der Sand zu den Ohren heraus und Sie möchten lieber in Ruhe Ihr Buch zu Ende lesen? Spielen Sie doch »Nazca-Lines« (das sind die berühmten Erdzeichnungen, die in den peruanischen Anden eine Fläche von 350 Quadratkilometer bedecken und nur aus der Luft zu erkennen sind) mit Ihrem Kind: Es bekommt einen Stock und muss versuchen, einen riiiiiesengroßen Vogel in den Sand zu ritzen. Für eine bestimmte Größe gibt es Eis – die große Portion. (l)

R

Rutschen rutschen!

Der beste Spielplatz hat keinen Reiz, wenn Papa nicht richtig mitmacht. Sie müssen als 1a-Papa alles vormachen. Kriechen Sie über den Parcours. Rutschen Sie mit in der Rutsche. Wippen Sie mit der Wippe. Die Geräte halten das schon aus. Ertragen Sie böse Blicke und Kopfschütteln von Erwachsenen. Ihr Kind sollte Ihnen das wert sein. (t)

Sackhüpfen wiederentdecken!

Es gibt viele gute Bücher über das Ausgestalten von Kindergeburtstagen. Mit Hunderten von Ideen, Tipps und Ratschlägen. Am beliebtesten aber ist und bleibt der Klassiker – und einfach auszurichten ist er auch. Sie benötigen lediglich zwei Kartoffelsäcke, zwei Löffel, zwei rohe Eier (roh müssen sie schon sein – also besser gleich fünf bis sechs bereitlegen), vier Markierungspfähle und eine Stoppuhr. Und schon geht's los, das große Sackhüpfen. Und der beste aller Väter mitten drin: als Schiedsrichter, Anfeuerer, Tränentröster und großer Motivator. Ein Spiel mit Gelinggarantie von vier bis 11 Jahren. Und dann wieder angesagt ab dem 17. Geburtstag. (k)

Sammeln im Wald!

Im nächstgelegenen Wald kann man die schönsten Sachen sammeln. Jeder hat seine Favoriten: der eine sammelt kuriose Wurzeln, der andere Blätter oder Steine usw. Ich suche »meins« und er sucht »seins«. Am Schluss hat jeder von uns beiden einen ganz passablen Haufen beisammen. Was nun, er will »seine« Sachen mitnehmen, ich will »meine« Sachen mitnehmen. Am Schluss einigen wir uns darauf, dass nur ganz schöne Sachen, die man tragen kann, mitgenommen werden. Der Rest bleibt im Wald. Falls Sie jedes Wochenende »seins« suchen, brauchen Sie eine große Wohnung. (t)

Sandauto graben!

Noch ein Tipp, wie Sie sinnvoll Ihren Gemüsegarten zerstören können. Kinder buddeln bekanntlich mit Vorliebe in der Erde. Buddeln Sie doch einfach mit – und zeigen Sie diesen kleinen Menschen mal, wie ein passionierter, erfahrener Buddler ein Sandauto baut – einen Lamborghini etwa oder einen Morgan, so was in der Richtung. Wenn es mehrere Kinder sind, müssen Sie eine Limousine bauen. Das bedeutet dann: zweimal einen Graben ausheben, in dem die Füße Platz haben. Viel schicker ist natürlich ein Zweisitzer. Neben ergonomisch gut ausgehöhlten Sitzen sollte Ihr Hauptaugenmerk natürlich auf der Gestaltung einer repräsentativen Kühlerhaube liegen. Zwei in Sand eingelassene Grapefruits machen sich gut als Scheinwerfer (Rücklichter lassen sich übrigens mit Tomaten bauen). Weitere Tipps gefällig? Lenkrad aus alter Frisbee-Scheibe oder aus einem Kinderwagenrad, dessen Achse man gleich in die Erde einlassen kann. Eine Super-Gangschaltung lässt sich leicht aus einem alten Spazierstock bzw. dem Stock eines Regenschirms verfertigen. Und wenn Sie Ihrer Partnerin nicht sagen, wofür Sie ihn brauchen, wird sie Ihnen sicherlich auch gerne mal ihren Schminkspiegel ausleihen. (m)

Sandstrand designen!

Für erfahrene Sandburgen-Architekten gehört die Errichtung eines Strandkrokodils gewiss zu den leichteren Übungen, zumal Papa eine mit Schippchen bewaffnete Einsatztruppe zur Verfügung hat. Fünf Meter darf sich das Krokodil schon im Sand dahinkrümmen. Nach dem sandigen Rohbau ist erst mal Muscheln sammeln angesagt: helle Muscheln für den Schuppenpanzer, dunkle für den Kamm oder für Schuppenmuster und das schreckliche Maul. Dann brauchen Sie nur noch zwei

Quallen für die Augen. Und dann lachen sich die Kinder schlapp, wenn Strandgänger zu ihnen sagen: »Ich hab mich ja zu Tode erschreckt!« (m)

Schach spielen!

Drei, vier Partien genügen – schon sind Sie wieder drin und es macht Ihnen selber Spaß! Auch wenn Ihnen Ihr Kind anfangs ein schwacher Gegner ist, so werden Sie merken, wie es von Partie zu Partie »wächst«. Schachspielen, Spielen überhaupt, ist wichtig für Denken und Fühlen, für die gesunde seelische und mentale Entwicklung des Kindes. Das gemeinsame Spielen in der Familie ist außerdem der beste Beziehungskitt, den ich kenne. Im Spiel lernt man am meisten über seine Kinder. Dabei ist es ab einem gewissen Alter wichtig, dass Sie Ihr Kind nicht absichtlich gewinnen lassen. Denn es will sich ja an Ihnen messen. (sch)

Schaukel konstruieren!

Wenn Sie sich in der glücklichen Lage befinden, alten Baumbestand auf Ihrem Grundstück zu haben, dann bauen Sie für Ihre Kinder mal eine richtige, weit ausschwingende Schaukel. Sie könnten gewiss auch so ein Plastikteil aus dem Spielwarensortiment erstehen, aber das bringt es nicht.

Kaufen Sie gute Seile – schreinern Sie die Sitzplatte, konstruieren Sie am Baum eine sichere Aufhängung und sorgen Sie dafür, dass der Ast nicht brechen kann bzw. durch Seile noch einmal abgesichert ist. (m)

Schattentheater inszenieren!

Es gießt den fünften Tag in Strömen, alle Spiele der Ferienwohnung sind schon zigmal gespielt und die Kinder nerven jede Viertelstunde, warum Sie kein Appartement mit Fernseher genommen haben? Ziehen Sie die Läden zu, schalten Sie die Nachttischlampe ein, und los geht's mit dem lustigen Schattenbildraten. Wenn dann immer noch keine Stimmung aufkommt – einpacken und heimfahren. (l)

Schickmachen!

Überraschen Sie hin und wieder Ihre Umgebung. Wenn Sie Ihre berufliche Situation nicht unbedingt zum dunklen Anzug zwingt und Sie sich gern sportlich kleiden, dann verhalten Sie sich ab und zu unkonform. »Brezeln« Sie sich auch als Mann mal richtig auf, werfen Sie sich in Schale! Aber wundern Sie sich nicht, wenn Ihrer ansonsten eher gelangweilten Tochter ganz unwillkürlich ein »Du siehst aber heute klasse aus!« entfährt.

Geben Sie es zu, das tut auch mal dem besten aller Väter ganz gut. (sch)

Schiffe bauen am Bach!

Gehen Sie mit Ihren Kindern auch mal zum Bach. Nehmen Sie ein paar Taschenmesser mit, ausreichend Kordel, eine Tube Alleskleber und ein paar Blatt Papier. Was Sie damit sollen? Eine Werft gründen! Sie werden mit Ihren Kindern geniale Schiffe konstruieren. Für den Anfang tun es simple Flöße aus zusammengebundenen Stecken. Aber wenn Sie ein Auge für geeignetes Schwemmgut haben – es treibt so allerhand den Bach herunter –, es gemeinsam etwas bearbeiten, werden Ihre Kinder bald die tollsten Segler zu Wasser lassen. (m)

Schiffe bauen, die auch im Zimmer fahren!

Das ist einfacher, als man denkt, und meine Töchter und auch die Freundinnen und Freunde, die zu Besuch kamen, haben bei den anschließenden Schifffahrten sehr viel gelacht. Man braucht nur ein paar leere größere Kartons. Die Segel kann man aus Besenstielen und Trockentüchern (Stoffreste tun es auch) bauen und als Ruder kann man Posterrollen nehmen. Klar, dass man bei Sturm die Segel einholen muss und dass man vor den

Piraten fliehen sollte. Manche »Boote« gehen bei Seegang etwas aus dem Leim, dann muss man die Matrosen retten und sie in den anderen Boote aufnehmen. Wird eng und gemütlich. (r)

Schinkennudeln kochen

Nicht jeder ist ein geborener Viersternekoch. Doch unzweifelhaft bekommt auch der untalentierteste Vater das eine oder andere Junggesellengericht hin, das auch der Frau Mama nicht besser gelingt. Nicht nur die Kinder schätzen es, wenn Papa das kocht, was alle lieben: Pasta, Nudeln, Spaghetti. Überraschen Sie doch mal die Familie, indem Sie Ihrer Frau die Küche verbieten und ein tolles Essen zaubern. Aber bitte hinterher auch die Küche aufräumen! (sch)

Schlafen, schlafen, schlafen!

Früher haben Sie aus Spaß Nächte durchgemacht. Jetzt testet Ihr Baby, ob Sie's noch können! Sie gehören doch zu den Vätern, die es nicht Ihrer Frau überlassen, sich nachts um den Nachwuchs zu kümmern? Seien Sie froh, wenn Sie anfangs eine oder zwei zusammenhängende Stunden Schlaf finden! Da machen Sie sich mal einen schönen Abend mit Ihrer Frau – zu Hause – wo sonst mit Baby? –

und begeben sich erst in den frühen Morgenstunden zu Bett. Genau in dem Moment, in dem Sie wegdämmern, sind aus dem Nebenzimmer eindeutige Geräusche zu vernehmen. Reagieren Sie freundlich. Lächeln Sie, finden Sie tröstende Worte, sorgen Sie für ein wohltemperiertes Fläschchen Milch. Nicht einmal, nicht zweimal. Wiederholt. Vielleicht den ganzen Rest der Nacht. Morgens werden Sie sich gerädert auf den Weg zur Arbeit machen. Ein Tipp nebenbei: Lassen Sie es nicht an Ihren MitarbeiterInnen aus. Auch sie werden es Ihnen danken. (st)

Schlammschlacht veranstalten!

Wissen Sie noch, welchen Spaß es Ihnen gemacht hat, wenn Sie als Kind in eine Pfütze gesprungen sind – so richtig mittenrein? Wenn Sie Ihre Mitwelt nicht schädigen, dürfen Sie das heute noch. Springen Sie mal über Ihren zivilisatorischen Schatten. Suchen Sie eine Kiesgrube auf, einen Moorweiher etc. Und dann wird richtig rumgeplatscht. Wir werfen uns gegenseitig den Schmodder ins Gesicht. Wir waten im Schlamm. Natürlich zieht es Unannehmlichkeiten nach sich, vielleicht auch eine Erkältung, sicher Mehrarbeit. Natürlich sieht man hinter her aus wie Sau. Aber den Spaß muss man (wenn nicht sich, dann doch den Kindern) gönnen. (t)

Schlitten fahren!

Wenn der erste Schnee fällt und Papa zu Hause ist, dann muss er natürlich den Schlitten aus dem Keller holen und los geht's. Aber vorher schaut man noch einmal, ob die Kinder auch warm angezogen sind. Papa zieht selbstverständlich und läuft zwischendurch immer ein paar Meter, damit es nicht langweilig wird. Die nächsten Hügel werden angesteuert und es ist nur gerecht, dass die Kinder mindestens jedes zweite Mal mit dem Schlitten fahren und nicht nur Papa allein. Wenn es am nötigen Schwung fehlt, schiebt Papa selbstverständlich, damit es schneller bergab geht. Und auf der Wiese hält man an, legt sich auf den Boden, rudert mit den Armen und fertig ist der Schneeengel. (r)

Schneckenrennen organisieren!

Die Zeiten, dass Sie ausgestattet mit Picknickkorb und Fernglas zu den großen Rennen am Nürburgring oder in Hamburg-Horn aufbrachen, sind ja nun (leider) vorbei. Stundenlanges Stehen in der Südkurve und das Heimtrampen nach sämtlichen verlorenen Wetteinsätzen ist die Sache der Kleinen nicht, und Ihre Frau schätzt es auch nicht besonders. Dennoch, Sie müssen auf das Wettfieber nicht ganz verzichten. Sie können es im Gegenteil noch kombinieren mit anschaulichem Biologieunterricht und allgemeinen Lebensweisheiten. Die Sache selbst ist einfach: Sie besorgen einen ausgedienten Schuhkarton und suchen eine Anzahl Weinbergschnecken, je nach Mitspielern. Die Schnecken werden auf den Startpunkt gesetzt. Auf der Ziellinie wartet auf jede Schnecke ein Tellerchen mit warmem Bier. Und schon geht's los. Schnecken, die andere Schnecken rammen oder auf ihrer Bahn kehrtmachen, sind disqualifiziert. Anfeuern ist erlaubt, nicht erlaubt sind mechanische Hilfsmittel wie Stöckchen o. Ä. Dopingkontrollen sind in der Regel nicht erforderlich. (k)

Schnee bearbeiten!

Natürlich ist Schnee ein besonders gutes Baumaterial. Unglaublich, was Papa und seine Rasselbande daraus machen können. Hier können alle Kreativen in der Familie ihrer Fantasie freien Lauf lassen. Etwas Geduld ist allerdings schon notwendig. Vielleicht lässt sich die Schneeburg nicht überall verwirklichen. Okay, dann kann es ja auch eine Rutschbahn oder ein Tunnel sein. Ein Tipp vom Allgäuer Schneearchitekten (der ich mittlerweile bin): Besorgen Sie sich als Konstruktionshilfe für den Schnee-Hochbau einen möglichst großen Karton – vielleicht den Transportkarton einer Tiefkühltruhe oder etwas Ähnliches. Hauptsache, das Ding unterstützt Sie und Ihre Kinder bei Ihren kühnen, verrückten Konstruktionen in der Aufbauphase! Die hoffentlich nicht so dürftige Schneeschicht zusammenkratzen. Alles so hoch wie möglich aufhäufen. Die Rutsche ist dann schon bald fertig. Aufstiegsspur nicht vergessen. Nach der hoffentlich kalten Nacht den durchgefrorenen Haufen mit einem Tunnel durchlöchern. Achtung, vorher Statik prüfen und Schaufel bereitstellen – für alle Fälle. (t)

S

Schnee schaufeln!

Sie kennen doch die Geschichte, in der Tom Sawyer den Zaun streichen soll. Vor den anderen Kindern tut er so, als sei dies das Größte. Schließlich zahlen sie ihm etwas dafür, dass sie auch mal »dürfen«. In unserer schneereichen Gegend kann Schneeschaufeln schon mal eine richtige Last sein. Machen Sie »a« zu »u« – »Last« zu »Lust« – und beziehen Sie Ihre Kinder mit ein. Nicht mit »Ihr müsst!!!«, sondern »he, heute können wir ...«. Was denn? Eine Schneise machen! Einen Schneeberg aufhäufeln! Spuren im Schnee ziehen! Den Weg zur Haustür im Zickzackmuster freilegen! Schneepflug spielen! ... Mein Söhnchen liebt den Schnee. Eines der zuerst deutlich ausgesprochenen Worte war »Schneeschaufel«. »Papa Schnee schaufeln«, das war sogar noch nach Sonnenuntergang ein großer Wunsch. Und so haben wir abends vor dem Schlafengehen ein wenig im Schnee gewühlt. (t)

S

Schneeballschlachtenservice

Bei Schneeballschlachten sind natürlich ältere Kinder im Vorteil. Der kleine 2½-jährige Constantin wollte aber unbedingt mittoben. Da habe ich ihm die »Munition« vorgefertigt, habe ihm Schneebälle am laufenden Meter produziert und sie dem kleinen Mann wurffertig auf den Mauervorsprung gelegt. Da war der Spaß recht groß. Bitte aufpassen bei Nassschnee – dann können Schneebälle sehr hart sein und die harmlose Balgerei kippt leicht in eine böse, aggressive Stimmung um. (t)

Schneemann bauen!

Eine der einfachsten Übungen, denken Sie? Im Winter vielleicht. In Hamburg ganzjährig schon etwas schwieriger als im Voralpengebiet. Einem Zweijährigen, der im August einen Schneemann will, können Sie nicht mit Appellen an die menschliche Vernunft kommen: »Für einen Schneemann braucht man Schnee. Den gibt es aber nur im Winter.« Wie? Papa kann doch alles! Sorgen Sie also nicht für Enttäuschungen. Für den Titel »bester Papa der Welt« müssen Sie sich schon ein wenig Mühe geben. Ein kleiner Trick kann helfen: Füllen Sie die Badewanne mit Wasser, geben Sie reichlich Badeschaum ins Wasser. Schon können Sie mit ein wenig Fantasie auch im Sommer einen schönen »Schneemann« bauen. Geht nicht, gibt's nicht. (st)

Schnee-Schmetterlinge zaubern!

Was Sie dazu brauchen: eine möglichst unberührte Schneefläche und Fantasie. Lassen Sie sich gemeinsam in gebührendem Abstand rücklings in den Schnee fallen, die Arme lassen Sie dabei angewinkelt. Sobald Sie im Schnee liegen, breiten Sie die Arme fächerförmig im Schnee aus. Wenn Sie es schaffen, vorsichtig aufzustehen, können Sie zwei wunderschöne weiße Schmetterlinge im Schnee erblicken. (st)

Schnitzeljagd machen!

Sie reißen buntes Papier in handtellergroße Schnipsel, streuen die auf dem Weg zur nächsten Eisdiele und machen sich anschließend gemeinsam mit Ihrem Kind daran, die Schnipsel wieder einzusammeln. Als Belohnung gibt es ein großes Eis. Sie können anstelle des bunten Papiers auch ein Bild nehmen. Das Bild lassen Sie dann in der Eisdiele zusammensetzen. Als Sonderpreis spielen Sie auf dem Heimweg Packesel und tragen Ihr Kind auf dem Rücken nach Hause. (st)

Schnorcheln Sie mal!

»Papa, ich will auch tauchen lernen!« Schön, wenn sich Ihre Tochter, Ihr Sohn für Ihr Hobby

interessiert, aber Tauchen mit Gerät ist leider erst für ältere Kinder geeignet. Wie wär's dafür mit einer Entdeckungstour im seichten Wasser? Taucherbrille, Schnorchel und Flossen angelegt, und schon kann's losgehen. Graben Sie im Sand, suchen Sie Seegrasbüschel ab oder drehen Sie ein paar Steine um: Sie werden staunen, was da alles kreucht und fleucht. (l)

Schnubbelbrote schmieren!

Sie kennen »Schnubbelbrote« nicht? Schnubbelbrote sind Brote, die nur Papa machen kann. Andere Menschen sind dazu total unfähig. Beispielsweise beginnt man mit einer Scheibe Weißbrot. Darauf schmiert man Ketchup. Darauf legt man eine Scheibe Pumpernickel. Darauf schmiert man Weichkäse. Den Doppel-Moppel garniert man mit einem Smiley aus Salzgurken und ästhetisch angeordneten Maisperlchen. Ersatzweise tun es auch Gummibärchen. Seien Sie kreativ. Schrecken Sie vor nichts zurück. Schmieren Sie kreativ! Es kann bloß sein, dass Sie das dann jeden Sonntagabend machen müssen. Wegen des Gewöhnungseffekts. (m)

S

Schokolade wegessen!

Dieser Tipp stammt ehrlicherweise nicht von mir, sondern von Emanuel Lasker. Er beschreibt, wie er als Kind darüber jammerte, dass er zu wenig Stücke Schokolade bekommen habe. Sein Vater – ein strenger, aber gerechter Mann – nahm daraufhin eins von den Stücken und aß es auf. Als er weiter jammerte, aß der Vater ein zweites Stück und Emanuel beeilte sich schnell den Rest in Sicherheit zu bringen, um ihn alleine zu verspeisen. Das hat den kleinen Emanuel für spätere Zeiten geprägt. Er hat nie lange mit seinem Schicksal gehadert und immer versucht das Beste aus der jeweiligen Lebenssituation zu machen. Emanuel Lasker war übrigens der erfolgreichste Sportler, den Deutschland jemals hatte. 27 Jahre lang war er Schachweltmeister, ein Rekord, den niemand vor ihm und niemand nach ihm erreicht hat. (r)

Schrank bauen (lassen)!

Wenn Sie bei IKEA oder SEGMÜLLER Ihren Mitnahmeschrank abgeholt haben, steht er noch lange nicht dort, wo Sie ihn stehen haben wollen. Auch wenn Sie bisher der Meister des Akkuschraubers, der Imbusschlüssel und des Hammers waren – mit der Geburt Ihres Nachwuchses tritt Konkurrenz

S

auf den Plan. Prima – lassen Sie Ihren Nachwuchs wirken. Machen Sie die Augen zu. Gehen Sie aufs Klo oder Bier holen. Schauen Sie Fernsehen. Irgendwann wird man sowieso nach Ihnen rufen, weil's falsch rum nicht zusammenpasst. Wenn Sie in der so genannten Anlernphase nicht allzu kritisch sind – das heißt: Der eine oder andere Kratzer bringt Sie nicht aus der Ruhe und nicht jeder billige Kellerschrank muss makellos in der hintersten Ecke stehen –, werden Sie erfreut feststellen, wie stolz noch nach Wochen jedem Besucher der Schrank gezeigt wird, den der Nachwuchs zusammengebaut hat. (st)

Schubladenlogistik überprüfen!

Wenn Ihr Kind mit dem Krabbeln beginnt, wird es nach kurzer Zeit versuchen, an jede nur denkbare Schublade heranzukommen, die in der Nähe ist. Sie können die zwar abschließen, um zu vermeiden, dass Zerbrechliches auch zerbrochen wird, oder dass Ihr Kind an giftige Dinge herankommt oder dass Sie Ihre Damastdecken nicht mehr wiedererkennen. Aber besser ist es, die Schubladen gleich kindgerecht zu füllen. Sie glauben gar nicht, wie viele Momente der Ruhe Sie genießen können, solange Ihr Kind Schals, Socken, Bauklötze und

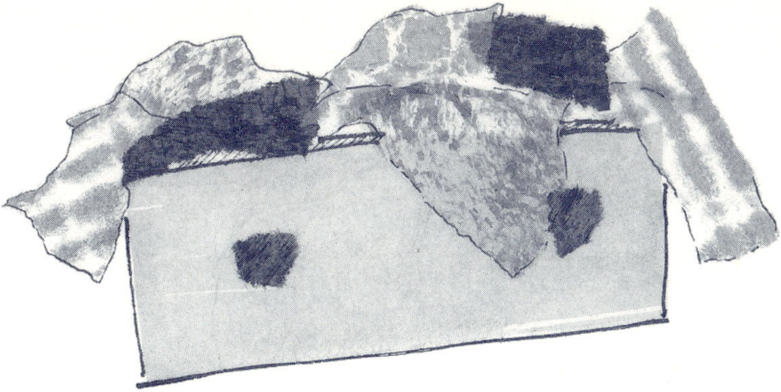

Ähnliches aus der Schublade heraus- und wieder hineinräumt. (r)

S

Schultern Sie Ihr Kind!

Wenn der Spaziergang länger dauert als geplant oder wenn die Kinder sich nicht wohl fühlen, sollte für sie, solange sie noch klein sind, immer ein Platz auf Papas Schulter frei sein. Dabei sollte er die drei Grundschrittarten Schritt, Trab und Galopp schon draufhaben. Tipp: Wiehern nicht vergessen! (Ja was glaubt Ihr denn! Soll das etwa langweilig sein?) (t)

Schulweg inszenieren!

Meine zweite Tochter Antonia fand den Schulweg oft langweilig, und um ihn kurzweiliger zu gestalten, haben wir daraus ein Spiel gemacht. So führte der Weg immer durch verschiedene Länder und man musste sich der Fortbewegungsart der jeweiligen Einwohner anpassen. Kam man z. B. durch das Land der Kängurus, musste man hüpfen wie ein Känguru. Tat man es nicht, musste man zurück zum Ausgangspunkt. Alle 20 Meter wechselten wir die Länder und bei der Auswahl wechselten wir uns ab. Tipp: Das Land der Robben nur bei trockenem Wetter durchqueren. Beim Überqueren von Straßen bitte Spielstopp einhalten und bitte auch hier nicht rüberrobben. Noch ein Tipp. Ist das Wetter trocken und trifft man auf dem Weg durch das Land der Robben eine Bekannte oder einen Bekannten, bitte laut grüßen. Man wird sonst leicht übersehen und überhört. Vorher unbedingt abschätzen, ob dies der Bekannten oder dem Bekannten eventuell peinlich ist. (r)

S

Schumi in der Schubkarre!

Wir fahren im Schubkarren, im Leiterwagen, auf dem Möbelroller oder in anderen verrückten Sachen herum. Falls Sie eine Schubkarre haben, ist das natürlich ideal und oberlustig, damit durch die Gegend zu flitzen. Geeignet sind auch Einkaufswagen: Auf den großen Parkplätzen vor dem Discounter ist Raum in Hülle und Fülle zur renntechnischen Entfaltung von Papa und Kind. Alles ist besser als der altbekannte Kinderwagen. Der wird erst wieder interessant, wenn die Kinder 7 oder 8 Jahre sind und ihn zweckentfremden. Also unbedingt aufheben! Kinder können alles gebrauchen, was rollt. (t)

Schwache Seite zeigen!

Weiß Ihr Kind eigentlich schon, welche Null Sie in Mathe waren, wie oft Sie sitzen geblieben oder bei wie vielen Frauen Sie abgeblitzt sind? Na irgendeine schwache Stelle müssen Sie doch haben! Und wenn es Ihre panische Angst vor der Geisterbahn, Ihrem Chef oder den Ordnungsvorstellungen der Mutter Ihrer Kinder ist. Glauben Sie auf keinen Fall, dass Sie bei Ihren Kindern durch Betragensnoten, frühkindliche Einsichten und Torerfolge in der E-Jugend punkten. Nur Schwächen machen Sie sympathisch. Aber rechnen Sie damit, dass es hinterher die ganze Klasse weiß, dass Sie ein Hero sind, weil Sie bei der Abiprüfung beim Abschreiben erwischt wurden. Nehmen Sie es in Kauf. (m)

Schwammerln suchen!

Glauben Sie bloß nicht, wir hätten Ahnung von Pilzen! Seit Jahren nehmen wir uns vor, mal einen entsprechenden Kurs zu besuchen. Trotzdem starten wir unverdrossen Herbst für Herbst zum Pilze suchen. Steinpilze, Butterpilze, Pfifferlinge, das kriegen wir noch auf die Reihe – und die bringen wir auch mit nach Hause. Aber der Heidenspaß ist das Suchen und Entdecken der merkwürdigsten Sorten, sind die »geheimen« Stellen, die der eine noch weiß und die er jubelnd wiederentdeckt, ist der lustige kleine Wettbewerb: Wer findet die meisten Schwammerln ... (m)

S

Schweigen wie ein Mann!

Was Kinder auf den Tod nicht ausstehen können: Wenn Sie etwas »Schlimmes« entdecken – und eine halbe Stunde später weiß es schon die Mama. Werden Sie zu einer echten Vertrauensstelle, bei der man Auspacken kann, wenn man so richtig »Mist gebaut« hat. Riskieren Sie ruhig mal einen scheelen Blick durch Ihre Frau: »Du hast das gewusst?« (m)

Schweigen Sie um die Wette!

Probieren Sie doch einmal ein Spiel aus, das zwar von manchen als Verstoß gegen die »Childish Correctness« empfunden wird, aber trotzdem Spaß macht. Spielen Sie, wer es am längsten schafft, kein Wort zu sagen. Wer als Erster einen Laut von sich gibt, muss dem anderen ein Gummibärchen abgeben. Sie können dann nahtlos in das nächste Spiel überleiten: »Wer kann beim Zähneputzen seinen Mund am längsten aufhalten?« Auch dies pädagogisch übel, aber von besten Vätern erprobt. (st)

S

Schwesterchen verhindern!

Geben Sie sich Mühe. Zeugen Sie niemals ein Mädchen. Sie sind ein harter Kerl. Jungs sind harte Kerle. Harte Entscheidungen benötigen harte Kerle auf beiden Seiten. Wollen Sie so was Weiches wie ein Schwesterchen tatsächlich einem kleinen, süßen, lockenköpfigen Knaben zumuten? Wollen Sie Ihren Titel »bester Papa der Welt« aufs Spiel setzen? Never. Männer sind solidarisch. Männer müssen zusammenhalten! Was ich noch sagen wollte: Lesen Sie doch bitte auch unter Buchstabe B das Stichwort »Brüderchen verhindern!«. Aber verraten Sie es nicht Ihrem Sohn. (st)

Seenotretter sein!

Ich wünsche Ihnen zwar, dass Sie nie in die Situation geraten, Ihr Kind bei heftigem Wellengang aus dem Meer herausbringen zu müssen, aber wenn es mal der Fall ist, gebe ich Ihnen folgenden Tipp. Ruhe bewahren und – wenn möglich – andere auf sich aufmerksam machen. Das Kind von hinten am Kinn fassen. Nie panisch gegen die ins Meer zurückfließende Welle anschwimmen. Das kostet zu viel Kraft. Viel besser ist es mit der Welle, die Richtung Strand fließt, zu schwimmen. Sie kommen so im Wechsel der Strömung immer ein größeres Stück näher ans rettende Ufer. (r)

S

Seifenblasen fangen!

Jedes Jahr, wenn Kirmes war, kauften uns die Eltern auch ein Seifenblasen-Set. Seifenblasen pusten, Seifenblasen fangen – das macht noch heute allen Kindern Spaß. Es ist gut, wenn ein leichter Wind weht, das macht die Sache nicht ganz so leicht. Es gehört eine gewisse Kunstfertigkeit dazu, besonders große Blasen entstehen zu lassen. Gut ist es, die Seifenblasen von einer erhöhten Stelle aus zu blasen, zum Beispiel von einem kleinen Hügel oder aus dem Fenster im ersten Stock. (r)

Eigenes Selbstbewusstsein stärken!

Sie spüren förmlich die Blicke der anderen, fühlen die Gedanken hinter den betont teilnahmslosen Blicken: »Was bringt der dem Kind nur bei?«, »Das arme Kind. Wird es später mal schwer haben.«, »Bei dem Vater ...«. Sie beginnen sich zu fragen: Mach ich alles richtig ...? Bin ich nicht ...? Kann ich nicht ...? Sollte ich nicht ...? Tun Sie etwas für Ihr Selbstbewusstsein! Schnell! Machen Sie ein Selbstsicherheitstraining an der VHS! Lernen Sie auftreten! Fehler machen alle. Ihr Kind braucht aber einen Vater, der an sich glaubt. (st)

S

Selbstbewusstsein des Kindes stärken!

Die Kinder kann man nicht immer begleiten, aber man kann Ihnen einen guten Begleiter mit auf den Weg geben: Selbstbewusstsein. Wichtig ist es, die Kinder möglichst viele Dinge selbst machen zu lassen, da man sie damit nicht nur zu Selbstständigkeit, sondern auch zum Selbstbewusstsein anhält. Eltern, die ihren Kindern immer »etwas vormachen«, müssen sich nicht wundern, wenn die Kinder sich nichts zutrauen. Richtig Loben ist ebenfalls ein Verstärker und ein Lob sollte konkret auf eine gut gemachte Sache bezogen sein. Mir gefällt der von Carmen Thomas geprägte Ausdruck

»qualifiziertes Lob« sehr gut. Ein allgemeines und daher »unqualifiziertes Lob« zeigt, dass man sich nicht die Mühe gemacht hat, sich mit der Leistung der Kinder zu beschäftigen. Sich gegenseitig zu respektieren ist ein weiterer Beitrag, der das Selbstbewusstsein stützt. Von den Kindern angebotene Hilfe sollte man auf keinen Fall mit den Worten »Das kannst du noch nicht« ablehnen. Oft stimmt dies gar nicht und wenn doch, dann kann man es auch anders formulieren. (r)

Sex zum Thema machen!

Wenn Sie Jungen haben – warten Sie nicht, bis Mama »zuschlägt«. Reden Sie über Sex. Sie brauchen ohnehin nichts zu erklären (seit wann werden Kindern von Eltern aufgeklärt?). Aber Sie sollten Ihrem Jungen deutlich machen, dass das ein The-ma ist, über das man ganz locker und auch humorvoll sprechen kann – etwa bei Gelegenheit eines Filmes, bei dem so ein paar intensivere Leibes-übungen zu sehen sind. Wichtiger als die ergänzenden Details, die Sie Ihrem Kind mitteilen könnten, ist das Signal: Wenn ich mal sexuelle Probleme habe, kann ich mit *einem* Menschen ganz toll reden – mit meinem Vater. (m)

Sich übers Ohr hauen lassen!

Jeder ist im Leben schon einmal »beschissen« oder – politisch korrekt gesagt – übervorteilt worden. Und wer sagt, er habe dies nie selbst so gemacht, tut es in diesem Moment mindestens zum zweiten Mal. Der größte Papa der Welt sollte sich auf jeden Fall auch einmal von seinen Kindern »hinters Licht führen lassen«. Wenn sie zum Beispiel noch unter der Bettdecke mit der Taschenlampe lesen oder wenn sie vor dem »Zu-Bett-gehen« die Uhr noch einmal etwas zurückstellen. Nichts macht mehr Spaß, als den Ahnungslosen zu spielen und das heimliche Kichern zu genießen. Richtig gut wird es aber, wenn man es erst zu spät bemerkt. Goethe wusste das und sein Spruch zu diesem Thema ist immer noch unübertroffen: *Wer die Augen offen hält, / dem wird im Leben manches glücken, / Doch noch besser geht es dem, / der versteht eins zuzudrücken.* (r)

»Sightseeing by bus« machen!

Setzen Sie sich doch mal gemeinsam in den Linienbus und genießen Sie eine gemeinsame Stadtrundfahrt. Dann können Sie mal in Ruhe erklären, was das große, spitztürmige Gebäude dort hinten ist (die evang. Erweckungskirche), das flache hässliche Betongebilde mit halbvertrockneten Bäumen davor (das städtische Kulturzentrum) und die große Wiese mit den Holzgebilden (der Abenteuerspielplatz). Wenn Sie die Fahrt nicht zur Hauptverkehrszeit unternehmen, kommen Sie sogar in größeren Städten erstaunlich schnell voran. Hatten Sie nicht einmal die These vertreten, mit dem Auto am schnellsten in der Arbeit zu sein. (st)

Singen!

Die Kinder entdecken es *doch*, dass Sie einmal einen Vollbart trugen und zur Gitarre gesungen haben. Also holen Sie sie schon raus. Üben Sie zwei Tage heimlich die Barré-Griffe. Und dann treten Sie auf. Singen Sie mit rauer, spröder Stimme wie zu Ihren besten Tagen (als die pickligen Teenies neben Ihnen am Lagerfeuer hinschmolzen): »Blo-wo-wo-wo-wowing in the wind«! Und wie wäre es mit »There was a house of rising sun«? Mindestens »Guantanamera« geht doch noch? Nicht mehr? Aber »Michelle, ma belle ... I love you, I love you, looooove you« kriegen Sie doch noch hin? Ihren Kinder wird ein Schauer den Rücken herunterlaufen. Was Sie für ein Star hätten werden können! (m)

Shoppen mit dem Töchterlein!

Meine Tochter (16 Jahre) legt im Allgemeinen keinen sehr großen Wert auf gemeinsame Ausflüge mit ihrem Vater. Doch bei der Anschaffung einer neuen Jeans – Papa achtet mehr auf die Passform als auf den Preis – weiß sie meinen Rat zu schätzen. Wenn man dann, mit Tüten bepackt, noch eine Einkehr beim Italiener vorschlägt, ist die junge Dame erstaunlicherweise nie abgeneigt. (sch)

Sonnenaufgang gemeinsam erleben!

Wenn es eben möglich ist, stehe ich spät auf. Und den Sonnenaufgang erlebe ich am liebsten vom Bett aus mit geschlossenen Augen. Es gab aber eine sehr schöne Ausnahme, als wir den Kindern den Sonnenaufgang zeigen wollten und dies mit einem Picknick verbunden haben. Im Sommer sind wir also ganz früh aufgestanden und haben uns auf den Weg zu einer großen Wiese neben dem Oberolmer Wald gemacht. Den Picknickkorb und die Decken hatten wir schon am Vorabend gepackt. Es war eins der schönsten Erlebnisse, obwohl es ja recht einfach zu bewerkstelligen war. Erstaunlich war allein schon, wie viele Vogelstimmen den Tag und die aufgehende Sonne begrüßten. (r)

Sonntagnachmittag-Spaziergang aufpeppen!
Zu den Schrecken der Kindheit zählt der gesittete Sonntagnachmittag-Spaziergang im Kreise der Familie. Dass das auch anders geht, hat mit der Art des Gehens zu tun. Bei Karl May können Sie alles nachlesen über die Kunst des Anschleichens. Die Kunst besteht nicht nur darin, trockenes Geäst zu vermeiden, sondern die Fußsohle von vorne nach hinten abzurollen und nicht den Fuß mit der Ferse aufzusetzen. Diese und ähnliche Fertigkeiten zu erlernen und zu vertiefen, kann spannende Aufgabe der kommenden Sonntagnachmittags-Spaziergängc sein. (k)

Sorgen ernst nehmen!
Nicht immer ist eitel Sonnenschein. Auch Kinder erleben seelische Nöte. Im Gegensatz zu uns Erwachsen, die ihre Probleme durchdenken, sie verarbeiten oder auch sich von ihnen distanzieren können, können Kinder das noch nicht. Sie werden richtig davon besetzt. Jetzt ist es wichtig, dass man dem Kind zu verstehen gibt, dass man auch seinen Schmerz, seine Sorgen und Probleme ernst und wichtig nimmt und sie nicht als »Kinderkram« abtut und mit Sprüchen herumtönt wie: »Deine Sorgen möchte ich haben! Was glaubst du, was

ich in der Firma an der Backe habe!« Kümmern Sie sich um das kranke Kätzchen Ihrer Tochter! Helfen Sie Ihrem Jungen, wenn er verzweifelt vor den falsch zusammengestöpselten Einzelteilen seiner Musikanlage steht. (sch)

Souvenirs mitbringen!

Immer wieder einmal steht eine Dienstreise an. Obwohl unsere Kinder die Kleinsten nicht mehr sind, kommt die Standardfrage: »Papa, bringst du uns was mit?« Klar bringt Papa aus Wien etwas mit. Das muss nichts Großes sein. Hauptsache, Papa hat was auszupacken und kann sagen: »Hier das Duschgel aus dem Hotel ist für dich! Hier das Kipferl habe ich in einer Bäckerei für dich besorgt! Und du kriegst diesen lustigen Kugelschreiber.« (m)

Spazieren – aber mit Ziel!

Mal ganz ehrlich, haben Sie nicht auch als Kind Spaziergänge gehasst? Bei meinen Kindern ging es eine Zeit lang gut, aber heute haben sie zu allem Lust, nur nicht zu Spaziergängen. Die sind langweilig. Man kann sich darüber aufregen, aber besser ist es, ein Ziel zu finden, das für alle interessant ist, z. B. die nächste Eisdiele oder das Kino oder die Stelle am Fluss, wo das tolle Picknick stattfindet. Gute Ziele machen den Weg interessanter. (r)

Speicher ausbauen!

Wenn Sie sich mal wieder so richtig auf den Keks gehen, weil es bei Ihnen räumlich doch ein bisschen eng ist, dann fassen Sie einen mannhaften Entschluss. Nehmen Sie Ihre älteren Kinder beiseite und sagen Sie: »Was meint ihr, Leute, sollen wir den Speicher ausbauen? Macht ihr mit? An Ostern nehme ich mir mal acht Tage frei!« Natürlich brauchen Sie gutes Werkzeug (ein gescheite Kappsäge, mit der Sie millimetergenau arbeiten können, vor allem) und ein noch besseres Plänchen. Dann wird in die Hände gespuckt. Und nach acht Tage haben Sie tollen zusätzlichen Raum und ein gemeinsames Erfolgserlebnis. (m)

Spielsachen ausprobieren

Warum denn immer gleich alles kaufen? Kaum hat Ihr Kind ein neues Spielzeug, fliegt es auch schon in die Ecke. Gehen Sie doch lieber mal öfter in einen großen Spielzeugladen und schauen Sie sich mit Ihren Kindern alles genau an – manches kann man ausprobieren. Manches verliert seinen Reiz sehr schnell. Anderes wird entdeckt. Und wenn beim nächsten Besuch das Interesse immer noch da ist, kann man ja mal überlegen, ob es im weihnachtlichen Geschenk-Budget drin ist. Sicher ein Tipp, der Risiken birgt. Es kann passieren, dass Ihr Kind sagt: »Das will ich jetzt! Sofort! Unbedingt!« Da haben Sie dann ein Problem. Erfahrungsgemäß geht es aber so aus, dass die Flut der vielen Sachen eine gewisse Entscheidungshemmung erzeugt. Mit dem Hinweis, dass man ja so was Ähnliches eh schon zu Hause hat, ist das Einkaufsthema normalerweise vom Tisch. (t)

S

Spielsachen entsorgen!

Von kleinen Kindern ist nicht unbedingt zu erwarten, dass sie sich freiwillig von Spielsachen trennen. Besonders kleine Jungs können immer alles noch irgendwie gebrauchen. Sie sind gefordert, mal zwischen den Zeilen zu lesen. Wenn Ihnen beispielsweise auffällt, dass die Kleinen gar nicht mehr richtig spielen, könnte es daran liegen, dass sie sich einfach nicht mehr entscheiden können in ihrem privaten Spielzeugladen. Schauen Sie mal genau hin, worauf sich schon eine Staubschicht niedergelassen hat. Dies und das können Sie dann still, leise und getrost auf dem Speicher oder im Keller entsorgen! Aber Achtung: Wirklich niemals sollten Sie sich am Lieblingsspielzeug Ihres Kindes vergreifen!

(st)

Spieltiergarage bauen!

Handwerklich begabt? Baumarkt-Fetischist? Nichts mehr zu werkeln? Bauen Sie Garagen und Schlafplätze für die Spielsachen und Kuscheltiere. Kisten, Kästen, Kommoden, Schränke, Großschubladen für unters Etagenbett. Malen Sie die kühnen Möbel schön bunt an! Das hilft, am Abend leichter den schmerzlichen Abschied von den Lieblingen zu nehmen. Am nächsten Tag wird dann alles wieder voller Euphorie herausgefahren und aufgeweckt. (t)

Macht Spülsachen zu Spielsachen!

Es wird ja immer weniger gespült. Die Durchsetzung der Republik mit Spülmaschinen dürfte bei 98 % liegen. Glücklicherweise bleiben immer noch einige große Töpfe und Pfannen übrig, mit denen die Maschine überfordert wäre. Was für den Vater lästige körperliche Arbeit bedeutet, ist für Sohnemann das planschige Vergnügen schlechthin. Sofern die Voraussetzungen stimmen: Es darf nicht mit »Spüli« gegeizt werden, Schaum muss her, die Hemdsärmel müssen ganz hochgekrempelt sein, der Stuhl herangeschoben werden, damit der Sohn auf Augenhöhe ist und genügend tief in das Becken gehen kann. Übrigens: Spülen kann man auch den Plastikdinosaurier und die verklebten Legosteine. (t)

Stelzen bauen!

Wie – Sie haben noch nichts für den Kindergeburtstag? Aber Sie haben doch sicher eine Werkbank und einen kleinen Holzvorrat? Dann ab in den Keller! Bauen Sie Ihrem Kind ein paar Stelzen.

Die bestehen nur aus etwa 2 Meter großen Stangen und zwei verstellbaren Trittstufen – beides am besten aus Hartholz. Bohren Sie ein Loch jeweils durch die Stufen und mehrere (Verstellbarkeit) in verschiedenen Höhen durch die Stangen – und fixieren Sie das Ganze durch Flügelschrauben (Flügel weisen nach außen, sonst besteht Verletzungsgefahr!). (m)

Stofftiere ernst nehmen!

Auch Stofftiere sind Menschen. Zumindest die Stofftiere Ihrer Kinder. Also seien Sie freundlich zu ihnen, sprechen Sie ab und zu mal mit ihnen und antworten Sie auf Stoffhasens Fragen, bevor Sie von Ihrem Sohn oder Ihrer Tochter vorwurfsvoll zur Rede gestellt werden: »Magst du Hase nicht, weil du ihm nicht antwortest?« (st)

Strafen verändern!

Eigentlich wollten wir alles anders machen als unsere Eltern. Gott sei Dank haben wir nur einiges anders gemacht als sie. Und was wir irgendwie gar nicht abschaffen konnten, sind die Strafen. Heute stehen wir dazu: Strafen sind Sanktionen, mit denen eine notwendige Verhaltensänderung begleitet wird – basta! Wenn wir nur nicht so jähzornig wären und im Affekt Strafen verhängen würden, die bei Licht besehen doch ganz schön hart sind. Was wir gelernt haben: Nimm niemals eine Strafe zurück (sonst machst du dich lächerlich), aber nimm dir die Freiheit, sie zu verändern, wenn es sinnvoll ist. Sagen Sie dem Kind: »Die Strafe nehme ich nicht zurück, denn du musst lernen, dich zu verändern. Aber wenn sie dir zu hart erscheint – hier hast du zwei Alternativen. Entscheide selbst!« (m)

Streithammel trennen!

Zwei Streithammel auseinander zu bringen ist wirklich schwer. Man muss auch verlieren können. Ein paar Tricks gibt es doch: 1. Der Überraschungsangriff: »Wer von euch beiden will Vanilleeis und wer Zitrone!«. 2. Brutale Erpressung: »Wenn ihr nicht sofort aufhört, gibt es Computerspielverbot plus Fernsehverbot, Abzug vom Taschengeld, drastische Strafen usw.« 3. Ein Eimer kalten Wassers (in der Wohnung nicht angebracht; birgt außerdem die Gefahr der Verbrüderung gegen den gemeinsamen Feind). 4. Die Ablenkung: Johanna oder Andrea ist am Telefon. Kann man ja schnell mal anrufen. (r)

S

»Such mich« im Kaufhaus!

Wenn Mama im Kaufhaus das neunundneunzigste kleine Schwarze anprobiert, ist das schon mal langweilig. Also wird man(n) kürzer oder später das Haus erkunden wollen. Was für eine Wunderwelt ist doch solch ein Kaufhaus – mit Rolltreppen und tausend Nischen, in denen man sich verstecken kann. Fast so interessant wie früher der Wald für uns. Warum nicht das uralte Spiel vom Verstecken und Fangen spielen? Die Spielregeln sind klar: Spielfeld ist das ganze Kaufhaus mit allen Stockwerken. Zeitvorgabe: Wenn das Kind sich versteckt und bis 100 gezählt hat – und Papa hat es nicht gefunden, steht der Gewinner fest! Zwischen den Kleiderständern durch und weg ist der Filius. Da muss Papa höllisch aufpassen, um nicht die Übersicht zu verlieren. Guck, guck, wo bin ich denn? Nichts ist so unübersichtlich wie eine große Kleidungsabteilung. Wie man hört, soll es Verkäuferinnen geben, die das Spiel gar nicht lustig finden, wenn die edlen Tücher am Boden landen. (t)

T

Tanzkurs besuchen!

Irgendwann kommt jede Tochter in das Alter, in dem sie Tanzkurse besucht. Eine Sache schätzen Töchter in diesem Alter ganz besonders: dass die Eltern nicht »peinlich« sind. Dabei ist nicht immer klar, was sie als »peinlich« empfinden. Das kann ein Soloeinlage auf einer Silvesterparty sein, lautes Mitsingen bei einer bekannten Scheibe, kurz gesagt: Man kann in dieser Zeit in alle möglichen Fettnäpfchen treten. Deshalb sollte man vor dem Abschlussball auf jeden Fall selbst einen Auffrischungstanzkurs besuchen oder mit der Tochter üben, damit es nicht »oberpeinlich« wird. (r)

Tapezieren lassen!

»Papa, darf ich beim Tapetenkleben helfen?« Sie haben gerade mal die erste Wand fertig tapeziert und wollen sich jetzt nicht durch Ihr Kind aufhalten lassen? Trotzdem sollten Sie das Angebot nicht einfach ablehnen. Freuen Sie sich lieber, dass Ihr Kind Ihnen helfen möchte, und führen Sie es spielerisch an ernsthafte Tätigkeiten heran. Geben Sie ihm eine kleine Fläche, wo es seine Tapetenschnipsel anbringen kann. Wie wäre es beispielsweise mit einer Kellerwand? Zwar können Sie das Kind auch in einer Ecke des Wohnraums, den Sie gerade verschönern, »kleben lassen« (die Fetzen sind schließlich im Nu wieder herunten oder überklebt). Aber bedenken Sie: Es könnte Ärger geben! Wer lässt sich schon gerne sein Werk kaputtmachen? (l)

T

Taschengeldforderungen verhandeln!

Das kennen wir doch, erinnert verdammt an das Gespräch mit dem Chef. Rücken Sie nicht gleich die Kohle raus, sonst verzichten Sie auf das Sparring, das Sie fit macht fürs nächste Jahresgespräch – außerdem muss Ihr Kind ja auch lernen, ein guter Unterhändler zu werden. Das Bequemste ist immer, schnell noch ein paar Euro draufzulegen, selbst wenn es wehtut. Kinder müssen schon merken, dass Geld nicht auf der Straße liegt, dass es einen Wert hat und die Eltern ihr Einkommen in aller Regel sauer verdienen müssen. (sch/r)

Teamwork for Art!

Entdecken Sie mal Ihre künstlerische Ader: Wir fahren gern nach Langeoog in Sommerurlaub. Unter anderem gibt es da jede Woche einen tollen Strandwettbewerb. Ehrensache: Alle Familien beteiligen sich daran. Wer schafft in zwei Stunden das witzigste Kunstwerk aus Sand? Ob Sie jetzt nächsten Sommer nach Langeoog fahren oder Ihre alte Sandkiste im Garten zweckentfremden, ob Sie ein Familienorchester gründen oder am PC gemeinsam ein Buch über Ihren letzten Urlaub anfertigen: Machen Sie zusammen Kunst. Entdecken Sie die kreativen Seiten in sich und in Ihrer Familie! (sch)

Teilen – aber richtig!

Ständig gab es zwischen meinen Töchtern Streit, wer ungerechterweise das größere Stück Kuchen erhalten habe. Das Ganze ist mittlerweile so ge-

löst: Die eine teilt das Stück Kuchen und die andere wählt aus. So bemüht sich jede, optimal zu teilen, da ja die Wahl des Stückes nicht bei ihr liegt. Dabei wechseln sie sich immer ab. (r)

Theater besuchen!

»Papa, warum schreit die Frau so?« Spätestens wenn Ihr Nachwuchs auf Ihre Lieblingsarie derart despektierlich reagiert, sollten Sie über einen Opernbesuch nachdenken. Gehen Sie mit Ihren Kindern in »Der Mond« oder »Die Zauberflöte«. Aber nicht gleich in die große Staatsoper, beginnen Sie mit Marionettentheater. Große Kinderaugen und Kinderohren sind Ihnen gewiss. (st)

Therme überfallen!

Das wird ein Spaß für die ganze Familie: Wir fahren in die Therme! Während die Kinder sich im Spaßbad an der Riesenrutsche delektieren, zieht es die Eltern in die Saunalandschaft und ins Hamam. Wäre nicht im Außenbecken der Therme zufälliges »Familientreff«, man würde sich erst beim Ausgang wiedersehen – müde und hungrig. Bei uns gibt's danach immer Thunfischbrote mit »ganz dick Knoblauch drauf«. (m)

Tiere imitieren!

Sie mögen keine Sätze, die mit »Uzzi, duzzi ...« oder »Ja, wo ist er denn ...« beginnen. Ihr Kind auch nicht. Probieren es doch mal mit Tiergeräuschen. Zur Frage »Wo ist die Eule?«, machen Sie das Geräusch einer Eule (zur Not auch nur ein Geräusch, das Sie für das Geräusch einer Eule halten). »Wo ist die Kuh?«. Richtig, es folgt das Geräusch einer Kuh. Und so weiter. (st)

Tierforscher spielen!

Heute sind wir wieder als Tierforscher unterwegs. Wir lernen Giftiges von gutartigem Getier zu unterscheiden. Die Kreuzspinne in ihrem schönen Netz wird zum Tabuthema erklärt – ein wichtiges und nützliches Tierchen, aber nicht zum Spielen! Wir versuchen Hummeln, Bienen, Wespen, Hornissen zu erkennen und als »Nicht-Streicheltiere« einzuordnen. Würmer sind harmlos. Größere Ringeltiere, also Schlangen, erst mal nicht anfassen! (t)

Tierspuren bestimmen

Schlittenfahren? Keine Lust. Eislaufen? Mag ich nicht. Spazieren gehen? Ist doch doof. Fällt Ihnen nichts ein, wie Sie Ihr Kind an die frische Luft kriegen? Probieren Sie doch mal: »Tierspuren raten.« Mit einem guten Bestimmungsführer erkennen Sie schnell, ob hier ein Hirsch oder ein Kaninchen vorbeigestapft ist, und der langweilige Spaziergang wird zur spannenden Entdeckungsreise. (l)

Tierzungen im Wildpark spüren!

Tierzungen sind etwas ganz Neues für unseren kleinen Erdenbürger. Wildpark oder Bauernhof – ganz egal. Etwas Futter auf die Handflächen und los geht es mit der kleinen Mutprobe. Die Tierzunge auf der Kinderhand kitzelt und das Geben macht viel Spaß. Animalische Vertrautheit zweier Wesen. Liebevoller Umgang mit der Schöpfung geht über sinnliche Erfahrung, lange bevor ein Mensch begreift: »Das da ist ein warmes Wesen aus Fleisch und Blut – ein Wesen wie ich, der Mensch!« (t)

Toben vor dem Schlafen!

Noch einmal Toben vor dem Schlafengehen? Scheint vielen kontraproduktiv. Werden doch der Kreislauf und die ganze Psyche nur nochmals aufgepuscht. Kann ich so nicht stehen lassen. Ein paar Mal noch »Ausreißen und Einfangen« vor dem Sprung in den Schlafanzug. Ein paar »ruppige« Hin-und-her-Schmeißereien im Bett. Dann reden wir ruhig miteinander und dann gibt es ja die »ruhige« Geschichte vor dem Einschlafen. Nach ein paar Minuten sind wir auf der Einschlafstraße. So sind wir halt mal, wir Papas, rau, aber herzlich. (t)

Touchpad freigeben!

Haben Sie ein Laptop? Ein Zeichenprogramm ist zumeist standardmäßig installiert. Lassen Sie Ihr Kind ruhig ein wenig malen. Das Touchpad ist eigentlich optimal für Fingerspiele von Kindern. So kann Ihr Kind schnell mal lernen, wie ein Kreis geht und wie man eine Linie macht. Kaputtgehen kann da meiner Meinung nach nichts. Bei älteren Kindern sollte man darauf achten, dass nicht mit aller Kraft drauf rumgedrückt wird. Am Schluss ist der Blechdepp doch noch ramponiert. (t)

Traktor fahren!

Auto ist langweilig. Aber so einen röhrenden Trecker fahren, einmal wie ein König auf der mächtigen Zugmaschine thronen – das wäre der Hit! Kein Problem. Dieser Traum ist realisierbar. Also machen Sie Ihren Kindern die Freude und fahren Sie mit Ihnen an Pfingsten auf den Bauernhof. Um diese Zeit wird die Heuernte eingebracht – gute Gelegenheit besonders für Jungen (und alte Knaben), kräftig mit anzupacken, selbst hinter dem Lenkrad zu sitzen und das brummende Monster über die Wiese zu steuern. (m)

Traurige Momente vertreiben!

Es gibt Tage, da sind Kinder traurig. Die Freundinnen und Freunde sind alle krank oder verreist. Es regnet den ganzen Tag, eine Klassenarbeit ist schlecht ausgefallen oder es kommt einfach alles zusammen und nichts will gelingen. Dann hilft nur einer: Papa. Und der hört am besten erst einmal zu, denn nicht umsonst heißt es ja, man müsse sich »den Kummer von der Seele reden«. Danach überlegt man zusammen, wie man die schlechte Stimmung vertreiben kann, ob eine Fahrradtour zur nächsten Eisdiele schon ausreicht oder ob man diverse Spiele spielt, ins Schwimmbad fährt oder Ähnliches macht. Bisher habe ich noch nie erlebt, dass man nicht etwas gefunden hätte, was die Wolken vertreibt. Tipp: Zuerst keinen Scherz zur Auflockerung machen, da man am Anfang garantiert das Gegenteil damit erreicht. (r)

Triopse züchten!

»Papa, mein Schulfreund hat Dinokrebse!« Jetzt hilft nichts mehr, jetzt sind Ihre Fähigkeiten als Triops-Züchter gefragt. Was zum Teufel sind Triopse? Wer etwas Genaueres über die putzigen Urzeitkrebse wissen will, geht am besten auf www.anolis.de/beratung/tiere/urzeitkrebs. Ein kleines Aquarium mit Umwälzungsrad, Triopseiern, Sand und Algenfutter gibt's im Zoofachgeschäft (Tipp: Am günstigsten ist ein Starterset, in dem alles Notwendige enthalten ist). Suchen Sie mit Ihrem Kind einen günstigen Platz – möglichst nicht im Kinderzimmer – und los geht's ... mit etwas Glück und Geschick paddeln schon bald die ersten Urzeitkrebse durchs Wasser. (I)

Trockenschwimmen!

Das ist ein prima Spiel, das Sie beim nächsten Schul- oder Straßenfest organisieren können. Besorgen Sie sich zunächst zwei Paar Schwimmflossen, zwei Badehauben (möglichst eine davon mit aufgeklebten Plastikblumen), 8 bis 10 Pilonen (die lustigen Hütchen, die Sie an der letzten Baustelle umgefahren haben) und zwei aufblasbare Schwimmringe. Sie ahnen es wahrscheinlich schon: Als Erstes müssen sich die Teilnehmer

um die Wette anziehen und dann im Zickzackkurs um die Pilonen laufen. Wer als Erster im Ziel ist … – genau! Sie haben es erraten – hat gewonnen. (st)

Trödeln abschaffen!

Es gibt Veranstaltungen, zu denen man unbedingt rechtzeitig kommen will, Konzertbesuche, Kinobesuche oder der Ausflug mit dem Schiff. Ich weiß nicht, wie es Ihnen geht, aber wir kommen immer in Zeitnot: eine Hose gefällt einem der Kinder nicht, Papa trödelt vor dem Spiegel, Mama kann sich nicht vom Computer losreißen … Die Lösung? Als die Kinder kleiner waren, haben wir fiktive Verfolgungsjagden organisiert. Die Rollenverteilung ist ganz einfach: die Kinder und der Papa sind die Guten, die unbedingt vermeiden müssen, dass sie der Böse (nur in diesem Rollenspiel ist es mal die Mama) fängt. Wir haben nur einen geringen Zeitvorsprung, um uns fertig zu machen und vor dem Bösen das Haus zu verlassen. Tipp: Das Spiel nicht übertreiben! Wenn der »Böse« die Truppe erst mit Hilfe eines schnellen Taxis kurz vor der Konzerthalle erreicht, dann ist der Abend trotz aller Pünktlichkeit auch verdorben. (r)

Beim Türken kaufen!

Weil ich mich über die ausländerfeindlichen Sprüche ärgerte, die eines meiner Kinder aus der Schule nach Hause brachte, ersannen meine Frau und ich ein probates Gegenmittel: Kontakte müssen her! Wir haben auch früher schon gerne unsere Oliven, den Ziegenkäse, Brot und Gemüse »beim Türken« eingekauft. Jetzt schicken wir die Kinder hin oder nehmen sie mit. Inzwischen kennt man sich – und findet sich nett. (m)

Turm bauen!

Auch wenn Sie den Turm aus Holzbausteinen nun zum vierundzwanzigsten Mal neu aufbauen, lächeln Sie Ihren Sohn weiter an, wenn zum vier-

T

undzwanzigsten Mal seine kleine zweijährige Faust in den Turm kracht. Wenn der Kleine im Bett liegt, können Sie immer noch versuchen, den höchsten Turm der Welt zu bauen. (st)

Turngerät bauen!

Eine meiner genialsten Konstruktionen kostete etwa 10,– Euro und ist ein weiterer Beleg dafür, dass Frauen ihre Männer durchaus unbeaufsichtigt in Baumärkte gehen lassen sollten. Daselbst fand ich: den 1 m langen Rest einer 30-mm-Buchenholzstange. Dazu erwarb ich: zwei Halbschellen.

Daraus baute ich: eine Reckstange in meinem Arbeitszimmer. Dort gibt es eine offene Balkenkonstruktion, d. h.: man blickt von unten zum Dach durch – und sieht jetzt die von oben durch die Schellen fixierte Reckstange, die sich exzessiver Nutzung durch die Kinder erfreut. Zeitweise wurde mir angst und bange angesichts der wilden Turnerei. Deshalb befindet sich immer eine Klappmatratze in der Nähe ... (m)

U

Übernachten im Freien

Wenn Sie denken, das sei Männersache, irren Sie sich. Naturverbunden ist in dieser Beziehung eher meine Frau. Ich bereite gerne alles vor, stelle das Zelt mit meinen Töchtern auf, leite das Ganze mit einem abendlichen Grillfest ein, bringe sogar am nächsten Morgen das Frühstück nach draußen, aber für die Übernachtung ziehe ich mein Bett vor. Die Zeiten der Luftmatratzen-Romantik sind für mich vorbei und meine Aufgabe bei der spannenden Übernachtung im Freien besteht in der Vorbereitung und unterstützenden Begleitung. Tipp: Rechnen Sie damit, dass eines der Kinder nachts nicht schlafen kann und vor Ihrem Bett erscheint. Rücken Sie zur Seite und verlieren bitte kein Wort darüber. (r)

Überraschungscoup landen!

Papas sind immer dann am besten, wenn sie eine Überraschung aus dem Hut zaubern. Sprechen Sie sich mit Ihrer Liebsten ab – und dann steht Papa am Abend mit einer Riesen-Familienpizza vor der Haustür. Oder mit einem Sack Popcorn für einen Mümmel-Fernsehabend. Oder mit einer Eisbombe. Oder mit einer dicken Grilltüte vom Metzger. Oder ... dass Sie den optimalen Coup gelandet haben, merken Sie meistens schon daran, dass Ihre Frau Sie mit schreckerfüllten, vorwurfsvollen Augen anschaut. Dann freuen sich die Kinder. Und Sie werden's überleben. (m)

Ü-Ei kaufen!

Das ist schon so eine Sache mit den Kinder-Überraschungs-Eiern. Wenn der Vater mit dem Sohn zum Einkaufen geht, ist es halt doch etwas anderes als mit der Mama. Denn bei Papa gibt es jedes Mal ein Ü-Ei. Mama wundert sich schon, wieso der Kleine so gerne mitgeht und so gut gelaunt zurückkommt. Halten Sie es geheim. Wahrscheinlich konterkariert Ihr Verhalten die Erziehungsbemühungen von Mama. Auch Männer dürfen ein kleines Geheimnis haben! (t)

Umräumen!

Es bleibt Ihnen keine andere Wahl. Sie müssen umräumen. Auch wenn Sie ganz genau wissen, dass das Sofa nur an diesem und der Flügel definitiv nur an diesem Platz stehen kann. Kinder wollen das erfahren – und es macht Ihnen einen Heidenspaß, Möbel zu verrücken, Bilder umzuhängen, (heißer Tipp eines Heimwerker-Ignoranten: Nagellöcher mit Zahnpasta zuschmieren!) und den alten Teppich noch einmal zu reaktivieren. Passen Sie bloß auf, dass Ihre lieben Kleinen am Ende nicht triumphieren: Es geht doch! (m)

Unterlippenbrüllmeckeraffen suchen!

Kennen Sie die Situation? Sie sitzen beim Abendessen und eines Ihrer Kinder schmollt, schiebt die Unterlippe vor, ist einfach sauer und will mit niemandem mehr reden. Und wehe, Sie wagen noch ein falsches Wort. Dann hilft nur eins. Die höchstbewährte Geschichte von den Unterlippenbrüllmeckeraffen: Einst lebten sie mit all den anderen Affen zusammen friedlich im afrikanischen Urwald. Aber sie waren schnell beleidigt, und immer wenn sie glaubten, dass sie jemand verletzt oder ungerecht behandelt habe, schoben sie die Unterlippe vor, schmollten, brüllten und mecker-

U

ten, was das Zeug hielt. Bald war es so, dass ihre Unterlippe anders als bei allen anderen Affen hässlich vorstand, und ohne dass sie es merkten, brüllten und meckerten sie den ganzen Tag. Deshalb wurden sie von den anderen Affen bald nur noch die Unterlippenbrüllmeckeraffen genannt. Es kam, wie es kommen musste. Der Rat aller Affenstämme beschloss nach langer Unterredung, dass unverzüglich alle Unterlippenbrüllmeckeraffen das Land der Affen verlassen und in die Berge ziehen müssten. Aber als es so weit war, zog niemand in die Berge, denn plötzlich war im ganzen Land kein einziger Unterlippenbrüllmeckeraffe mehr zu finden, weil alle, denen man ins Gesicht schaute, schnell ihre Unterlippe zurückzogen und ein Lächeln aufsetzten. Vielleicht fragen Sie mal Ihre Kinder, ob sie hier im Raum vielleicht einen sehen. – Nach dieser Geschichte ist die Lage meistens entspannt. (r)

Urlaub auf dem Bauernhof machen!

Machen Sie das, wenn Sie kleine Kinder haben! Und zwar nicht nur, weil alle wissen: Natur tut gut. Sie können sich auch aus ganz egoistischen Gründen dafür entscheiden. Nirgendwo werden Sie nämlich so viel Ruhe haben wie dort. Ein Bauernhof mit netten Gastgebern ist ein einziger Abenteuerspielplatz, dem die Kinder jeden Morgen neu entgegenfiebern. Es gibt so viel zu entdecken – den Heuspeicher, die tollen Maschinen, den Trecker, den Stall. Und was wäre ein richtiger Bauernhof ohne Tiere, die man streicheln kann? Nehmen Sie es ruhig in Kauf, dass Sie den spezifischen Geruch auch 14 Tage nach dem Urlaub noch nicht aus den Klamotten raus haben. Sie werden ihn lieben. Also – geben Sie mal »Urlaub auf dem Bauernhof« bei Google ein. Sie werden staunen. Und träumen! (st)

Urlaub planen!

»Papa, wann machen wir Urlaub auf Mallorca?« Geben Sie sich keinen Illusionen hin, irgendwann kommt diese Frage auch auf Sie zu. Was sollen Sie Ihrer Tochter dann sagen? Dass Sie keinen Bock auf Ballermann, Sonnenanbeter und Betrunkene haben? Besser, Sie überlegen sich rechtzeitig eine gute Alternative: »Nach Mallorca fliegt doch jeder, wir fahren dieses Jahr mit dem Hausboot durch Frankreich.« Auf der Page www.familie-online.de finden Sie übrigens eine große Auswahl von familiengerechten und preisgünstigen Angeboten. Oder Sie gehen auf www.bauernhofurlaub.de oder eine andere Seite mit ländlichen Ferienangeboten. Lassen Sie einfach mal ein paar Kataloge von sinnvollen Anbietern kommen – und dann können Sie mit Ihrem Kind, Ihren Kindern ein halbes Jahr lang von einem schönen Urlaub träumen und die Dinge hin und her wenden. Wie heißt es doch: Vorfreude ist die schönste Freude ... (l)

Planlos Urlaub machen!

Für getrennt lebende Wochenendpapis ein Muss: der gemeinsame Urlaub mit dem Kind. Wir packen das Gummiboot ein, Zelt und Kocher etc. Und dann fahren wir los. Das Besondere am Zelturlaub: Geplant wird nichts. Wir fragen unseren Globetrotter am Reisetag, was wir machen wollen. Zuerst ins Legoland? Okay, gemacht. Schwimmen gehen, kein Problem. Wir sind mit unserem Zelt super flexibel. Ein Eis beim Italiener? Den finden wir doch sofort. Schwierig wird es, wenn nach Eisbergen und Meer verlangt wird und man in Südbayern lebt. Jetzt sind Sie dran, den Wunsch zu erfüllen. Also gut, statt Eisberg ein Gletscher am Großglockner und statt Meer ein Wellenbad. Lassen Sie sich treiben. Versuchen Sie selbst wieder Kind zu sein – auch wenn es schwer fällt. (t)

V

Vatertag wird Muttertag!

Klar: Echte Väter haben sich nach all dem Stress auch mal einen Tag im Jahr verdient, an dem sie mal so richtig machen können, was sie wollen: Vatertag. Trotzdem – oder gerade deshalb – könnte und sollte man just an diesem Tage Punkte bei Frau und Kindern sammeln. Nichts leichter als das: Laden Sie Frau und Kinder ein, am Vatertag dabei zu sein. Statt des Fässchen Biers kommt die holdeste aller Ehefrauen in den Leiterwagen, die Kinder links, der Vater rechts, und auf geht's über Stock und Stein ... (k)

Nicht extra verlieren lassen!

Es stimmt, dass viele Kinder schlecht verlieren können, aber wer verliert auch schon gerne. Noch wütender werden sie allerdings, wenn sie merken, dass man sie gewinnen lässt. Sie fühlen sich danach nicht nur belogen, sondern auch nicht ernst genommen. Deswegen soll man es den Kindern nicht zu leicht machen, denn sonst ist ja das Gewinnen nichts wert. Aber Vorsicht: Es soll auch Väter geben, die grundsätzlich nicht verlieren können. (r)

Vermittler zu Mama machen!

Wenn ich etwas festgestellt habe in den achtzehn Jahren, in denen wir nun schon mit unseren vier Kindern zusammenleben: Alle Regeln, Dogmen und Standardantworten in Erziehungsfragen können Sie getrost dem Papierkorb überantworten. Manchmal passen sie, meistens nicht. Wichtig sind vor allem Sensibilität und Einfühlungsvermögen. Wichtig ist es auch, dass man in Erziehungsfragen mit dem Partner »auf einer Welle liegt«; da darf man kein Blatt Papier dazwischenschieben können. Manchmal ist es ganz gut, wenn man als unbeteiligter Papa den in Alltagskonflikten zerrissenen Gesprächsfaden zwischen Mutter und Kind wieder aufnimmt und zusammenknotet. (sch)

Verwöhnen!

Himmelhoch jauchzend – zu Tode betrübt: Das Stimmungsspektrum von pubertierenden Kindern ist ziemlich weit gespannt. Was kann Papa machen, wenn Tochter mal wieder vom Weltschmerz gepackt ist? Papa klaut Mamas Luxusbadeöl, lässt ein heißes, duftendes Wannenbad ein; außerdem entwendet er noch Mamas Seiden-Morgenmantel, bringt ihn dem Töchterlein, wobei obenauf eine Mon Chérie liegt, und sagt: »Jetzt tu dir mal was Gutes! Du wirst sehen, dass es dir dann bald besser geht!« (m)

Viewmaster aus der Mottenkiste holen!

»Papa, darf ich Bernd das Brot sehen?« Eigentlich wäre das jetzt sehr bequem. Das Kind ist beschäftigt, und Sie können noch so viel erledigen, aber Ihre innere pädagogische Stimme sagt nein. Vielleicht haben Sie noch einen »Viewmaster« aus Ihrer Jugendzeit? Wenn nicht – auf dem nächsten Flohmarkt unbedingt organisieren! In diese Minifernseher kann man tolle Scheiben einlegen: Autos, Flugzeuge, Tiere, Märchen ... und sie sind viel kommunikativer als die Mattscheibe, denn Sie können mit Ihrem Kind sprechen, ihm neue Sachen erklären oder einfach nur Spaß haben. (l)

Vogelhaus bauen!

»Papa, welcher Vogel fliegt da?« Amsel, Drossel, Fink oder Star? Bauen Sie doch mit Ihrer Tochter,

Ihrem Sohn ein schönes Vogelhaus (wer nicht zum Schreiner geboren ist, kann einen vorgefertigten Bausatz nehmen), dann haben Sie die gefiederten Freunde direkt vorm Fenster und können in aller Ruhe im Bestimmungsbuch nachschlagen, welcher seltene Gast sich da zwischen Kohlmeisen und Spatzen tummelt. Im Internet findet sich eine schöne Anleitung für den Bau eines Vogelhäuschens unter www.baumarkt.de (unter »DIY-Bauanleitungen« gibt es eine Suchfunktion, in die man »Vogelhaus« eingibt). (l)

Vorbild sein!

Von wem das Zitat ist, weiß ich nicht, es ist aber genial: »Erziehung haben wir aufgegeben. Erziehung ist nämlich zwecklos. Die Kinder machen einem doch alles nach!« So sind sie – die Kiddies! Es hat gar keinen Sinn, Kindern etwas von den Gefahren des Rauchens zu erzählen, wenn Sie selber wie ein Schlot qualmen, oder sie in den Kindergottesdienst zu schicken, wenn Sie am Sonntagmorgen selbst bis in die Puppen hinein schlafen, oder ihnen die Schokoriegel zu verbieten, wenn Sie selbst aus der Hose platzen. Papa, sei ein Kerl – mach selber das, was du von deinen Kindern verlangst! (m)

V

Vorgelesenes variieren

Der Vorteil davon, wenn Sie mit Ihren Kleinen Bilderbücher anschauen: Die können noch nicht lesen. Sie können also die Geschichten nach Herzenslust variieren. Denn die Lieblingsbücher Ihrer Kinder werden Sie öfter vorlesen müssen. Und bevor Sie – statt Ihres Kindes – dabei einschlafen, könnten Sie kreativ werden und die Geschichte auf immer neue Weise erzählen. Auf zwei Dinge müssen Sie allerdings achten: 1. Keine Figuren einführen, die nicht auf den Bildern zu sehen sind! Und keine Handlungsstränge erfinden, die Ihre bisher erzählten Geschichten plötzlich in einem neuen Licht erscheinen lassen würden. Sie kommen sonst in Teufels Küche. (st)

Vorlesen für Größere!

Als die Kinder noch klein waren, musste Papa jeden Abend vorlesen – bis er oder die Kinder einschliefen. Seitdem ist das nicht mehr so angesagt. Es würde Ihre Kindern auch eher abturnen, wenn Sie ihnen mit dem Spruch kämen: »Heute Abend machen wir mal wieder Vorlesestündchen!« Aber wenn Sie einen wirklich guten Text haben, können Sie durchaus mit »Das muss ich euch vorlesen!« punkten. Ein paar Tipps: Loriot, Das Ei ist hart;

Wolfgang Hildesheimer, Lieblose Legenden; Siegfried Lenz, So zärtlich war Suleiken. Dann könnte es Ihnen passieren, dass Ihnen Ihr Kind sagt: »Die nächste Geschichte von Loriot darf ich mal vorlesen!« (m)

Vorsicht mit CDs!

Achten Sie auf die CD-Auswahl in Ihrem Auto! Wenn Sie einen Zweijährigen täglich in die Kinderkrippe fahren und er dabei eine Vorliebe für den Song von Glenn Frey: »Sexy Girl« entwickelt, müssen Sie – ich rede aus Erfahrung – damit rechnen, dass er seinen neu erworbenen Wortschatz möglichst schnell an den Mann respektive an das Mädchen bringen möchte. »Lass uns sexy girl machen« bedeutet da zwar nur so was Ähnliches wie »Lass uns was zusammen singen«. Welche Schlüsse aber Annas Mutter daraus zog, entzieht sich meiner Kenntnis. (st)

Waldlager errichten!

Die Herausforderung schlechthin! Wallenstein hat's geschafft – warum nicht Sie? Nehmen Sie sich einen ganzen Tag Zeit, verlegen Sie Ihr Leben kurzerhand in den Wald und vereinfachen Sie es, so weit es geht. Essen im Wald. Wohnen im Wald. Leben im Wald. Feiern im Wald – toll! Ein guter Platz ist wichtig, vielleicht könnte er auch an einer Wasserstelle, einem See, Teich, Tümpel, gelegen sein. Wenn Sie für Ihr Vorhaben nicht gerade den zwar nahe gelegenen, aber »gefegten« Stadtpark auswählen, sondern in einen richtigen Wald fahren, finden Sie genügend alte Zweige und Äste, aus denen Sie einen herrlichen Unterschlupf bauen können. Am ehesten zum Ziel sollten Sie kommen, wenn Sie drei oder vier starke Äste – einem indianischen Tipi ähnlich – zu einer Pyramide aufstellen und die Seitenwände mit

Zweigen abzudichten versuchen. Wichtig: Legen Sie den Grundriss nicht zu groß an (Sie werden später nicht darin wohnen) und übertreiben Sie es nicht mit der Perfektion (Ihre Nachbarn sind weit weg)! (st)

Wandern leicht machen!

Schritte zählen kann man immer dann, wenn es langweilig wird, eine Straße runterzugehen. Auch wenn unser Wanderer erst bis zwei Zählen kann, ist es lustig. Dann machen wir halt mal auf Marsch. Das ist doch wirklich noch nicht militaristisch. Ein wenig Rhythmus macht Laufen angenehmer. Und wie wäre es mit einem alten Abzähler? »Ein Hut, ein Stock, ein Re-gen-schirm – und vorwärts, rückwärts, seitwärts bei – und eins, und zwei, und drei, und vier, und fünf, und sechs, und sieben, und acht – ein Hut, ein Stock, ein Re-gen-schirm, und eins ...« Miles and more! (t)

Warum-Fragen beantworten!

Antworten Sie auf jede Warum-Frage. Auch wenn es manchmal nervt. Aber wenn Sie zurückdenken, werden Sie feststellen: Sie sind da, wo Sie heute sind, weil Ihnen jemand Ihre Warum-Fragen beantwortet hat. (st)

Wasser aufsuchen!

Werden Sie nicht kindisch, aber wieder zum Kind, wenn die Sommerlüfte nach draußen locken. Wann haben Sie zuletzt die Frösche an einem Tümpel beobachtet? Wann haben Sie mit Ihrem kleinen Sohn in einem richtigen Bach gebadet, einen Baggersee aufgesucht, einen Kanal gegraben, aus Steinen den Bach aufgestaut, Schiffe zu Wasser gelassen? Wasser in jeder Form – das ist der Sommerhit! (sch)

Wasserorgie inszenieren!

Sollte das Sommerwetter die geeigneten Rahmenbedingungen liefern, dann flippen Sie ruhig mal aus, wenn Sie den Garten spritzen. Richten Sie Ihre Wasserkanone aus Versehen mal auf die Gattin und die lieben Kleinen. Provozieren Sie die Schlacht am Goldfischteich! Aktivieren Sie auch Spritzpistolen! Greifen Sie zu Eimern und Kübeln! Ihre Kinder werden Ihnen nichts schuldig bleiben! Und hören Sie nicht eher auf, bevor Sie nicht alle pitsche-patsche-nass sind! (m)

Wasserrad bauen!

Wasser hat auf alle Kinder eine magische Anziehungskraft; es ist eine Quelle für ständig neue Spiel-

ideen, vorausgesetzt, Ihr Kind kann schwimmen. Wenn Sie den Damm schon gebaut haben, mit dem man den Bach aufstauen kann, dann basteln Sie doch zusammen ein Wasserrad, das sich lustig zwischen den Wellen dreht. Und der absolute Clou: Zeigen Sie Ihrer Tochter, wie Sie schon als kleiner Junge Forellen mit der Hand gefangen haben. Eine wunderbare Anleitung zum Wasserrad-Bau (und andere Spiele am fließenden Wasser) findet sich übrigens auf der auch sonst empfehlenswerten Seite www.spielundzukunft.de. (l)

Waschstraßenkino!

Heute holen wir mal das ganz große Spielzeug raus. Wir fahren unser Auto in die Autowaschanlage. Es sollte natürlich eine Waschstraße sein, wo man während des Waschvorgangs im Auto sitzen bleiben kann. Die großen bunten Walzen und das Dröhnen und Gischten da drin, das alles ist super interessant. Es besteht natürlich die Gefahr, dass auf Wiederholung bestanden wird. Soll schon Väter gegeben haben, die haben sich das billigste Programm genommen und sind zweimal durchgefahren ... (t)

Wattwandern Sie mal!

Urlaub an der Nordsee, schlechtes Wetter, gerade mal 15 °C und die Kinder wollen nur am Laptop sitzen, den Sie mal besser nicht mitgenommen hätten? Schlagen Sie doch mal eine Wattwanderung vor. Im Wasser patschen, über den Schlick rutschen, Muscheln suchen – und als Krönung Wattwürmer ausstechen, die an ihren Kothaufen leicht aufzuspüren sind. Damit kriegen Sie jeden Stubenhocker vor die Tür. (l)

Wegschauen!

Der kleine, dicke, überaus humorvolle Papst Johannes XXIII. beherzigte die Lebensmaxime: »Man soll alles sehen, das meiste übersehen und einiges liebevoll korrigieren!« Das ist besonders solchen Vätern ins Stammbuch geschrieben, die zu Präzision, zu einer Zack-zack-Mentalität und zum Jähzorn neigen. Kinder können von der Übermacht eines Vaters erdrückt werden, der ihnen nicht Zeit und Ruhe lässt, die Dinge selbst zu entwickeln, und sie dabei genau so viele Fehler machen lässt, wie er sie in seiner Jugend gemacht hat. (m)

Weihnachten verteilen!

Mit zunehmendem Alter der Kinder werden die einfacheren Übungen die schwierigsten, beispielsweise Weihnachten feiern. Sie müssten es eigentlich genauso machen, wie Sie es immer gemacht haben (sonst gibt es großes Geschrei) und gleichzeitig dürfte kein Stein auf dem anderen bleiben. Was letztes Jahr noch angesagt war, ist in diesem Jahr einfach »nur noch peinlich«, megaout oder »babysch« (kennen Sie diese kreative Erweiterung der deutschen Sprache schon?). Verteilen Sie doch die Kompetenzen: Kind A tüftelt am Computer den Speiseplan aus und ist für die Logistik zuständig,

Kind B arrangiert das Weihnachtszimmer und ist für den Aufbau der Krippe zuständig; Kind C sucht den Christbaum aus, schmückt ihn und ist für die Programmfolge am Heiligen Abend zuständig. Eltern müssen da nur noch zugucken (und hie und da mal eine Kerze gerade rücken). (m)

Weihnachtsmann doubeln!

Ein guter Papa muss mindestens einmal im Leben den Weihnachtsmann gespielt haben. Mein Weihnachtsmannkostüm habe ich im Kaufhof Aachen gekauft und kurz vor Mainz auf einem Parkplatz

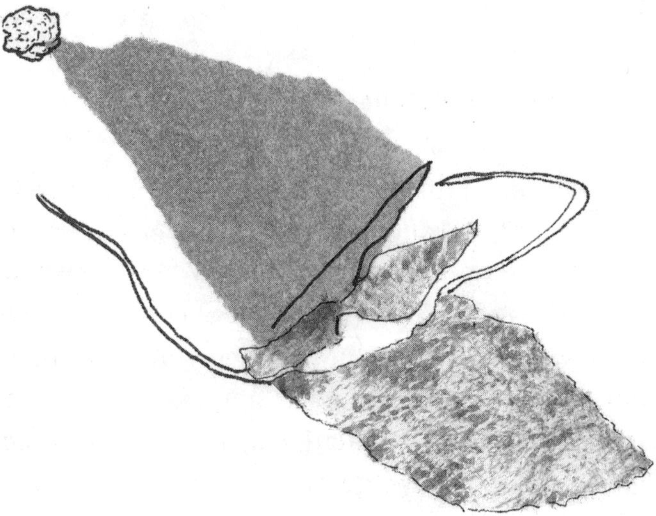

W

angezogen. Die Leute, die mir entgegenkamen, vor allem die Kinder, grüßten mich ganz freundlich. Die Nachbarsjungen von nebenan wunderten sich etwas, dass aus meinem Wagen der Weihnachtsmann ausstieg. Eine verrückte Kleinigkeit am Rande war, dass ich nicht mehr genau wusste, was man so als himmlischer Profi sagt. Die Verkäuferin sowie mehrere Kundinnen und Kunden halfen mir mit dem einzig passenden Vers: »Von drauß' vom Walde komm ich her! ...« Den hab ich jetzt drauf für immer! Tipp: Meistens sind die Schuhe verräterisch und daher sollte man unauffälliges Schuhwerk oder Überschuhe verwenden. Aber selbst wenn man erkannt wird, ist es ein Riesenspaß. (r)

Werkbank einrichten!

Wenn Sie wollen, dass Ihre Kinder nicht immer nur vor dem TV-Gerät oder dem PC hocken, sollten Sie ihnen auch Möglichkeiten schaffen, wo sie sich kreativ austoben können. Wie wäre es denn, wenn Papa den Abstellraum im Keller in ein Kreativatelier für die Kinder verwandeln würde? Weg mit den schrägen Regalen, den Kisten, Teppichresten und alten Tapeten! Ein paar Pinsel Farbe auf die Wände! Eine gescheite Beleuchtung! Eine

Kiste für Holzreste (kriegt man im Baumarkt oft sogar geschenkt!). Und dann die sinnvolle Anschaffung: Eine Werkbank muss her! Befestigen Sie eine Holzplatte an der Wand mit Haken und Vorrichtungen für die Werkzeuge in Griffweite. Und dann fangen Sie mal an mit Ihren Kindern und bauen Sie was ... (m)

Werte vermitteln!

Lehren Sie Ihre Kinder, Achtung zu haben vor dem Leben kleiner Tiere (Spinnen etc.). Auch die haben ein Recht zu leben und sollten nicht zum Spiel werden. Lehren Sie Respekt anderen gegenüber. Ein Danke und Bitte hat noch niemanden kleiner gemacht. Leiten Sie Ihre Kinder an, anderen Menschen Sympathie, Wohlwollen und Aufmerksamkeit entgegenzubringen, seien sie nun alt, gebrechlich, behindert, dunkelhäutig oder eben bloß »anders«, als es unserer kleinkarierten Normalität entspricht. (st)

Wettessen!

Es soll Eltern geben, die nicht verlieren können. Wollen Sie Ihr Kind in die Schranken weisen oder ihm eine reelle Chance lassen? Sollte letzteres der Fall sein, dann wählen Sie nicht Schwimmen, Laufen oder Radfahren als Disziplin, sondern machen Sie mit ihm ein Mohrenkopf-Wettessen (oder wie die Dinger political correct heißen). Und wenn Sie den Fairplay-Pokal anstreben, nehmen Sie die Minis von Dickmann – Sie werden staunen, wie schnell die Dinger in einem Kindermund verschwinden können. (l)

Wettlaufen!

Kneifen Sie nicht! Laufen Sie mit Ihren Kindern um die Wette – die kurze, die mittlere, die lange Distanz, vielleicht sogar den Berlin-Marathon. Machen Sie sich keine Illusionen: Irgendwann holen Sie die lieben Kleinen ein! Da müssen Sie durch, müssen zeigen, dass Sie verlieren können. Das Einzige, was Ihre Kinder von Ihnen behalten sollten, ist der Satz: »Der alte Herr hatte immer Sportsgeist!« Seien Sie ein dufter Typ! Seien Sie ein klasse Verlierer! (m)

Zum Wickelkurs anmelden!

Sie sollen nicht nur Ihre Frau anmelden. Es geht um eine Anmeldung für zwei Personen! Selbst wenn Sie im Gegensatz zu Ihrer Frau berufstätig bleiben – um das Wickeln werden Sie nicht herumkommen. Statistischen Erhebungen zufolge kommt es in einer Million Fälle höchstens einmal vor, dass das Kind nur zwischen 8 Uhr morgens und 16 Uhr am Nachmittag volle Windeln hat. Rechnen Sie damit: Irgendwann sind Sie dran! Der Mann von heute – so er ein Kerl ist – weiß über den Vorgang des Windelwechselns Bescheid. Und drückt sich nicht. (st)

Wickeltisch anschaffen!

Ein Billardtisch ist zwar nett und bringt Spaß. Aber im Ernst: wollten Sie darauf gewickelt werden? Also: Billardtisch raus, Wickeltisch rein. (st)

Den Winter austreiben!

»Papa, wann kommt denn endlich der Frühling?« Haben Sie auch von Kälte und Schnee genug und sehnen sich nach dem ersten Grün? Wenn der Frühling auf sich warten lässt, hilft nur ein Feuerzauber: Sie müssen den Winter austreiben! Laden Sie Freunde und Nachbarn ein und verbrennen Sie feierlich die alten Weihnachtsbäume – für die Erwachsenen gibt's Punsch und Bier, und die Kinder dürfen Würstchen und Stockbrot in die Flammen halten. (l)

Winterpicknick machen!

Kinderwünsche halten sich oft nicht an Jahreszeiten oder die entsprechenden Feiertage. Sie können sehr wohl im Winter picknicken. Packen Sie den Rucksack voll mit Leckereien und heißem Tee. Transportiert werden die Naschereien auf dem Schlitten und ab geht es zum nächsten zugefrorenen See. Dort können sich dann alle nach ausgiebigem Rundendrehen auf dem Eis an den mitgebrachten Lebkuchen, Plätzchen, Orangen und einer Tasse heißem Tee stärken, bevor es nach Hause geht. (st)

Witze erzählen!

Merken Sie sich den guten Witz, den Sie beim Mittagessen mit Kollegen gehört haben. Und bieten Sie ihn beim Abendessen mit der Familie dar. Ihre Kinder werden zwar keine Miene verziehen und »Ha, ha, ha!« sagen oder sich zu einem hingeknurrten »Sparwitz!« herablassen. Aber Sie entfachen einen kleinen Wettbewerb bei Tisch, wer denn die lustigsten Sachen weiß. Und bald lachen alle – statt sich zum x-ten Mal die Geschichten von öden Lehrern zu erzählen. (m)

Wörtersee spielen!

Es gibt Situationen, z. B. während eines langen Staus, in denen man sich und die Kinder beschäftigen muss, um nicht aufgrund der langen Wartezeit »rammdösig« zu werden. Eines der schönsten Spiele ist für uns der Wörtersee. Wir befinden uns auf dem Grund des Wörtersees. Aufsteigen kann man nur mit Hilfe einer langen Wörterkette. Dabei ist die Wörterkette auf ein Gebiet beschränkt, z. B. Tiere oder Städte. Man wählt eine Stadt aus, z. B. Aachen, und muss mit dem letzten Buchstaben wieder eine neue Stadt bilden, z. B. Neuss oder Nürnberg. Ist der See nicht so tief, dann reicht eine Wörterkette aus 10 Wörtern, mit Hilfe derer man sich aus dem See herauszuziehen vermag. Aber es gibt natürlich ungeheuer tiefe Seen. Man glaubt gar nicht, wie tief die sein können! (r)

X

Xylophon anschaffen!

Es muss nicht immer gleich ein Klavier sein, wenn Papa etwas für die Kultur in der Familie machen möchte! In der Rangfolge der preisgünstigen Musikinstrumente folgt auf Blockflöte und Mundharmonika das Xylophon als Instrument der Wahl. Ich erinnere mich an meine eigene Kindheit – wie lange ich mich mit diesem kleinen Instrument

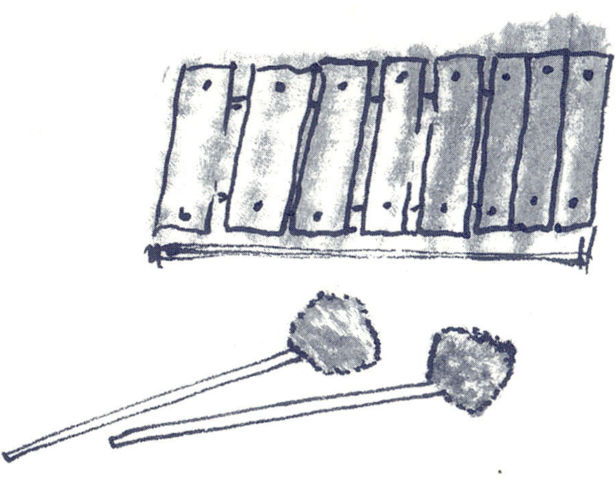

befasste, dessen silbrig hellen Klang ich mochte. Wie ich versuchte, Melodien auf das Instrument zu übertragen. Wie wir schließlich das Xylophon in unser gemeinsames Musizieren mit den anderen Geschwistern integrierten. Schenken Sie Ihrem Kind ein Xylophon, damit es auf Eroberungsreise in die Welt der Töne gehen kann. (m)

Y

Yoga machen!

Es ist ein Gerücht, dass Kinder permanent in Action sein müssten und keinen Sinn für Stille, Meditation und wohltuende Körperübungen hätten. Was der Seele von Erwachsenen gut tut, tut auch Kindern gut – nicht allen Kindern, aber doch überraschend vielen. Mit Yoga können überraschend schnell Ergebnisse erzielt werden, wenn Ihr Kind Lernstörungen hat oder sich nicht konzentrieren kann. Es gibt mittlerweile eine Fülle von Publikationen zu dem Thema (beispielsweise Singleton, Yoga mit Kindern) und in jeder größeren Stadt finden Sie Kurse dazu. Natürlich werden Sie Ihre Kinder nicht für Yoga begeistern, wenn Sie selbst auf dem Sofa bleiben. Aber wenn Sie regelmäßig zu ein paar gemeinsamen Übungen einladen, haben Sie gute Chancen, dass Sie dabei nicht allein bleiben. (m)

Z

Zähneputzen als Mannschaftswettbewerb!

Lassen Sie unser ordentliches Kind nicht alleine die Zähne putzen. Das ist doch auch langweilig. Stellen Sie sich mit dazu und putzen Sie mit. Das macht mehr Spaß, wenn auch der Papa »Schaum« im Mund hat. Dann können Sie die Zeit auch etwas steuern. Kindern neigen dazu, die Doppelzahnreihe in unter 10 Sekunden zu putzen. Versuchen Sie beim Ausspucken eine einigermaßen gute Figur zu machen. (t)

Zahlenschlangen erraten!

Meine Tochter Antonia hat sehr viel Spaß an der Mathematik und anders als bei meiner Frau und mir ist »Mathe« eines ihrer Lieblingsfächer. Von einem Spiel konnte sie nie genug bekommen und das waren die »Zahlenschlangen«, also logische Zahlenfolgen, bei denen sie immer die nächste Zahl erraten musste. Eine der bekanntesten Zahlenreihen, die Fibonacci-Reihe, kennen Sie wahrscheinlich spätestens aus dem Roman »Sakrileg« von Dan Brown, nämlich 1, 2, 3, 5, 8, 13 ... Und die nächste Zahl ist ...? Eine andere einfache Reihe ist 3, 9, 12, 36, 48 ... Probieren Sie die Zahlenschlangen mit Ihren Kindern aus, man muss allerdings berücksichtigen, welche Grundrechenarten sie beherrschen. (r)

Zaubern!

Jeder Papa muss zaubern können. Fangen Sie mit leichten Kunststücken an. Lassen Sie Sachen im Mund verschwinden, im Hemdsärmel, in der Jackentasche – und dann kommen sie ganz woanders wieder heraus. Sie sind kein »Magier«? Na – für die kleinen Tricks auf www.maus-cafe.de/zaubertricks wird's noch reichen. Auch sonst lohnt es sich für den zauberwilligen Papa, sich ein bisschen im Internet umzutun. Diverse Anbieter haben Zauberstäbe, Hüte mit doppeltem Boden, Kartenspiele etc. im Angebot. Und es gibt kaum eine Kinder-Webside, die nicht ein paar Tricks auf der Page hat. Suchen Sie sich die besten in Ruhe raus und schaffen Sie sich einen kleinen Vorrat. Spätestens beim nächsten Kindergeburtstag muss Papa wieder einen neuen Trick draufhaben. (t)

Zeichnen Sie Ihr Kind!

Wahrscheinlich können Sie genauso schlecht zeichnen wie ich. Macht nichts – machen Sie es trotzdem! Nehmen Sie ein Blatt zur Hand, einen Bleistift, einen Radiergummi und zeichnen Sie Ihr Kind, in Ruhe und liebevoller Aufmerksamkeit. Gehen Sie die Konturen nach, die Linien des Profils, den eigentümlichen Haaransatz. Das Ergebnis wird Sie überraschen. Und dann werden die Rollen vertauscht: Das Kind malt Sie. (m)

Zeit einplanen, täglich!

Entweder gehen Sie morgens später in die Arbeit und ziehen Ihren Nachwuchs an, machen das Frühstück und bringen ihn/sie in den Kindergarten. Oder Sie sind mindestens eine Stunde vor der Zubettgehzeit zu Hause und erzählen mal nicht erst von der Firma, sondern kümmern sich ausschließlich um ihn oder sie. Also entweder morgens oder abends. Das muss sein. (st)

Zeit gewinnen – helfen lassen!

Manchmal wird es aber wirklich sehr eng und ich erinnere mich noch, wie ich früher vor den Reisen zu den Kunden meine Präsentationsmappen zusammenstellte. Als dann die Frage kam, ob ich Zeit für die Kinder hätte, ging es einfach nicht. Und mehr aus der Verlegenheit heraus fragte ich, ob sie mir den helfen könnten. Umso erstaunter war ich, dass sie sofort zustimmten, mit mir die Vorschauen schnitten, wichtige Pressemitteilungen aufklebten und in die Hüllen steckten. Sie fanden das sehr spannend und waren mir eine große Hilfe und so hatten wir, ohne es zu merken, schon ein wenig Zeit miteinander verbracht und gleichzeitig etwas Zeit gewonnen. (r)

Zeit vertreiben im Auto!

Kennen Sie das? Sie haben gerade das Ortsschild des Nachbardorfes passiert, 1300 Kilometer liegen noch vor Ihnen bis zu Ihrem Traumstrand in Südfrankreich, und die Kinder fangen schon an zu quäken. Jetzt ist Ihre Kreativität gefragt: »Ich sehe was, was du nicht siehst«, »Autokennzeichen raten« oder »Wer wird Millionär« sind beliebte Spiele, die Langeweile gar nicht erst aufkommen lassen. (l)

Zeitung lesen mit »Knüllen«!

Will Papa Zeitung lesen, während er zugleich auf den Kleinen aufpassen muss, hat er ein Problem. Das will einfach nicht zusammenpassen. Also gut, dann lesen wir eben gemeinsam. Fertige Seiten werden zusammengeknüllt. Kann Sohnemann über-

nehmen. Manchmal geht das so schnell, dass man mit Lesen nicht nachkommt. Aber glücklicherweise interessiert mich der Immobilienteil nicht. Ab zum Zusammenknüllen! Am Schluss haben wir ein »Meer« von Zeitungsseiten. »Mehr!«, will das liebe Kind. Okay, dann hole ich halt noch alle Anzeigenblätter dazu. (t)

Zelt kaufen!

Sie können Tausende von Euro sparen, können den Sommerurlaub in vertrauter, heimischer Umgebung verbringen – und haben trotzdem die liebsten und zufriedensten Kinder der Welt, die sich zudem den ganzen Tag mit Spielkameraden in frischer Luft bewegen. Wie man das macht? Man kauft den Kindern einfach ein Zelt. Sie müssen allerdings damit rechnen, dass Ihr Garten etwas ramponiert wird, denn nicht nur Ihre Kinder und Ihr Zelt, sondern die Kinder und Zelte der ganzen Nachbarschaft werden sich traulich vereint auf Ihrem Rasen wiederfinden. (m)

Zimmer betreten!

Manche Eltern haben irgendwann die Nase voll, ihren Kindern immer und immer wieder zu sagen: Räum dein Zimmer auf! Schließlich ziehen sie sich in zwei Akten zurück. Erst sagen sie nichts mehr. Dann betreten sie das Zimmer nicht mehr. Soll das Gör doch in seinem Müll leben! Auch wenn Sie die freie Entfaltung der Persönlichkeit für wichtig erachten, auch wenn Sie Ihren Kindern ihre eigenen Räume lassen wollen: um ein konsequentes Betreten der Zimmer kommen Sie nicht herum. Lassen Sie sich ruhig ein bisschen prügeln. Wofür haben Väter denn einen starken Rücken? Letztlich finden es die Kids gut, wenn sie keinen Waschlappen zum Vater haben, der über alles wegguckt, weil es so bequemer ist. (st)

Zimmer verschönern helfen!

Geht es Ihnen auch so? Selbst Töchter, die man sonst fast nie zu Hause antrifft, legen riesigen Wert auf ein schön eingerichtetes, gemütliches Zimmer, das man gern den Freundinnen vorführt. »Komm, wir suchen dir mal ein paar schöne Vorhänge aus!«, zaubert eine Leuchten in die Augen Ihrer Tochter. Und der passende Bilderrahmen zum neuen Poster, den ich bei Ikea für ein paar Euro ausgesucht hatte, hat mich für Stunden in den Mittelpunkt des töchterlichen Erdkreises gestellt. (sch)

Zuhören!

Beruflich wie privat ist es mir in angespannten Situationen durchaus passiert, dass ich körperlich anwesend und geistig völlig abwesend war. Kinder merken das sehr schnell – und sie sind nicht weniger ungehalten darüber als Mitarbeiter in der Firma. Im Betrieb reißt man sich zusammen. Zu Hause habe ich mich häufiger dabei ertappt, dass ich die Kinder »quasseln« ließ, nur mit halbem Ohr zuhörte. Aber sie haben das gleiche Recht, dass man ihnen mit voller Aufmerksamkeit zuhört wie Erwachsene. Heute versuche ich, lieber wenige Minuten intensiv zuzuhören, als eine nicht vorhandene Aufmerksamkeit zu mimen. Dann nehme ich mir aber auch die Freiheit zu sagen: »Und jetzt kann ich dir leider nicht mehr zuhören, weil ich müde bin oder über etwas anderes nachdenken muss.« (r)

Zusammen arbeiten!

Sie mögen das Not leidende Handwerk unterstützen, wann immer Sie wollen, aber tun Sie es nicht, wenn es an die Renovierung der Kinderzimmer geht. Auch wenn Sie doppelt so lange brauchen, die Tapeten nicht total »auf Naht« hinbekommen, das Laminat verschrammen und mehr Farbe auf

Z

den Boden als an die Wand bringen – Ihre Kinder brauchen es, dass Sie einmal mit ihrem Vater zusammen arbeiten. Früher war das kein Problem. Der Vater war Schmied, der Sohn schaute ihm auf die Hand, bekam Achtung vor der Kraft und Fertigkeit des »Alten« und wurde dann (mit Paps nachlassenden Kräften) selbst ein Schmied. Heute wissen die Kinder von Papa nur noch, dass er »irgendwo im Büro rumhängt«. (m)

Zusammenhalten mit Mama!

Machen Sie bloß nicht den Fehler, dass Sie und Ihre Frau sich von den Kindern auseinander dividieren lassen. Sie mögen innerlich ganz anderer Meinung sein, die Position, die Ihre Frau gerade den Kinder gegenüber vertritt, als zu weich oder zu hart empfinden, aber sagen Sie es Ihrer Frau hinterher (und stimmen Sie sich für zukünftige Fälle gut ab), sonst werden Sie Ihres Lebens nicht mehr froh. Kinder sind clever und kennen sehr früh das Sprichwort: »Wo zwei sich streiten, freut sich der Dritte.« (m)

Zuspätkomm-Coaching betreiben!

Das Kind geht zu spät los. Kann passieren und keinem Kind ist mit dem Satz geholfen, dass man früher hätte losgehen können. Das ist eine Weisheit für Doofe. Viel wichtiger ist es, aus dieser Situation noch das Beste herauszuholen. Ich habe meinen Töchtern den Tipp gegeben, dass sie fast den ganzen Weg entspannt gehen können, nur die letzten 50 bis 100 Meter müssen sie laufen, was das Zeug hält. Wenn sie dann völlig außer Atem ankommen, wird die mitfühlende Lehrerin bzw. der mitfühlende Lehrer denken: Sie ist zwar zu spät gekommen, aber das Kind hat alles gegeben, um es zu verhindern. Weiter wird die Lehrkraft folgern, dass man sich nur derart anstrengt, wenn einem die Sache sehr peinlich ist. Und soll man dann noch dem gequälten Kind mit einer Zurechtweisung zusetzen? Jedenfalls eröffnet der Endspurt eine Chance, glimpflicher davonzukommen. Weiterer Tipp: Sollte trotzdem der Spruch kommen »Hättest ja früher losgehen sollen«, empfehle ich ein atemlos hingehauchtes »Sie haben ja vollkommen Recht«, denn es lohnt sich nicht, Rechthabern und Rechthaberinnen zu widersprechen. (r)

Zutrauen beweisen!

Weil wir Papas so praktisch und schnell sind, haben es unsere Kinder alles andere als einfach mit uns. Weil wir keine Geduld haben und am liebsten alles selber machen, haben sie keine Chance, etwas von uns zu lernen. Trauen Sie Ihrem Kind etwas zu. Ist das der Weltuntergang, wenn der Nagel nicht gerade ins Holz getrieben wird und Sie die Zange bemühen müssen oder wenn der Bohrer an der Wand zum dritten Mal angesetzt werden muss? Gestehen Sie den Kindern Fehler zu, sonst lernen sie es nie. (m)

Z

Die Autoren von Superpapa

Sieben Väter von insgesamt 16 Kindern haben hier ihre Erfahrungen zu Papier gebracht:

Klaus Kluge (k), 47 Jahre, ist Marketingleiter der Verlagsgruppe Droemer Knaur, er hat drei Töchter zwischen 11 und 18 Jahren, die er viel zu selten sieht, meint er. Die jungen Damen sehen das genauso.

Franz Leipold (l), 48 Jahre, ist Lektor in der Gesundheitsredaktion bei Knaur Ratgeber. Am liebsten ist er mit seiner siebenjährigen Tochter draußen, um den Geheimnissen der Natur auf die Spur zu kommen.

Bernhard Meuser (m), ist 52. Er leitet einen Buchverlag; außerdem schreibt er auch selbst noch Bücher. Er musiziert und kocht gerne mit seinen drei Kindern, die zwischen 15 und 18 Jahren alt sind.

Georg Regis (r), 49, leitet den Vertrieb Kaufhaus und Nebenmärkte der Verlagsgruppe Droemer Knaur. Wahrscheinlich hat er dort das Erzählen gelernt, das seine beiden Töchter an ihm so schätzen.

Michael Schönberger (sch), 51 Jahre, ist Redaktionsleiter Sachbuch im Pattloch Verlag. Der vierfacher Papa von drei Söhnen und einer Tochter zwischen 8 und 18 Jahren ist, was Kinder angeht, ein Überzeugungstäter; er wollte sogar einmal Lehrer werden.

Norbert Stengelin (st), 47 Jahre, leitet die Herstellungsabteilung der Verlagsgruppe Droemer Knaur. Er hat einen fast erwachsenen Sohn von 16 Jahren und einen Dreijährigen, bei dem er als Superpapa noch mal so richtig von vorne anfangen darf.

Armin Tichacek (t), 42 Jahre, ist Hersteller bei Droemer Knaur und Pattloch. In seiner Freizeit ist er ein Naturbursche und echter »Bergfex«. Auf sein dreijähriges Söhnchen Constantin warten also einige Härtetests.